KAWADE
夢文庫

日本史
ウソみたいな
その後

歴史の謎を探る会[編]

河出書房新社

「その後」を知れば歴史の謎が見えてくる◉はじめに

歴史的な有名人でも、世に知られているのは人生のほんの一部分だけである。その証拠に、たとえば、小野妹子（おののいもこ）が遣隋使（けんずいし）であったことは知っていても、その後どうなったかを即答できる方は、そう多くないはずだ。偉人本人でもそうなのだから、その家族や子孫のその後となると、織田信長のような超有名人の息子であっても、ほとんど知られていない。

日本史を揺るがせた事件・出来事やモノでも、それは同じだ。「徳川綱吉（つなよし）の死後、『生類憐れみの令（しょうるいあわれみのれい）』はどうなったか」「平賀源内（ひらがげんない）がつくったエレキテルは、その後どうなったか」を説明できる方は少ないだろう。というわけで、本書では日本史にまつわるさまざまな「その後」にスポットを当てた。

栄光を極めた人物が意外な晩年を過ごしていたり、偉人の子孫が有為転変（ういてんぺん）の人生を送っていたり、数百年前に世を騒がせた〝ブツ〟が現存していたり……。ウソみたいな「その後」の数々を楽しみながら〝歴史の穴〟が埋まる快感を味わっていただけるはずだ。

歴史の謎を探る会

日本史ウソみたいなその後　もくじ

1 日本史を動かした「有名人」のその後

栄光か、はたまた転落か

2 「天才・才女」のその後
後世まで名を残す
知られるとちょっと恥ずかしい?!

3
まさかの顚末に仰天！
教科書には載っていない「歴史的事件」のその後

4 知る人ぞ知る「名脇役」の数奇なその後

〝主人公〟より波瀾万丈?!

5 この親にしてこの子あり?! 「有名人の2世」の生きざま

僕のお父さん、すごいんです…

6 時代の証人となる「歴史的遺物」のその後

意外や、アレが現存してるって?!

7

真実はここにあり?!英雄たちの「伝説」の謎

レジェンドは死後も生き続ける

カバーイラスト◉smym/Shutterstock
本文イラスト◉種村国夫
本文写真提供◉国立国会図書館（p22、33、55、87）
協力◉鷹橋忍

1章 日本史を動かした「有名人」のその後

栄光か、はたまた転落か

鎌倉幕府を開いた後、謎の死をとげた頼朝は朝廷に暗殺されていたって?!

源頼朝が平氏を倒して征夷大将軍となり、鎌倉幕府を開いたことはたいていの方の頭に入っているだろう。頼朝の死因が「落馬」だというのも、聞き覚えがあるに違いない。

だが、頼朝の死には謎が多い。暗殺説も絶えることなく、さまざまな憶測が飛び交っている。

まず、暗殺説が絶えない理由の一つに、鎌倉幕府の公式記録である『吾妻鏡』に、頼朝の死に関する記述が極端に少ないことが挙げられる。『吾妻鏡』には、

「1199年1月13日、頼朝は相模川の橋供養に臨席した。だが、その帰り道で落馬し、まもなく亡くなった」

とあるが、落馬と死の因果関係は記されていない。加えて、頼朝が亡くなった日から計算すると、落馬した後、17日間も生きていたことになる。

しかも、この記録は頼朝の死から13年もたった後に書かれているのだ。頼朝の死に関して「何か隠したいことがあるのでは?」と勘ぐりたくもなる。ゆえに、いろ

いろな噂や憶測が生まれたわけだ。

最も有力とされるのは「朝廷による暗殺説」だ。

頼朝が落馬して、負傷したところまでは事実だろう。ただ、傷が原因で死亡したのではない。療養する頼朝に、幕府の政治顧問として都から招かれた公家の大江広元が、毒を盛ったというのだ。

では、広元はなぜ頼朝の毒殺に踏み切ったのか。

当時、都では院政を支持する土御門通親が朝廷の権力の頂点に立ち、反幕府政策を行っていた。広元はその通親に引き立てられて出世しているのだ。広元が通親のために、頼朝毒殺を決行したとしても不思議はない。

それが証拠に、藤原定家の日記『明月記』には

「土御門通親は、源頼朝の死の知らせをきいても驚きもせず、ただちにあらかじめ準備していた、反幕府派の公家を抜擢する人事を展開した」

とある。頼朝の死を見越していたとしか思えない。

だが、真の黒幕は後鳥羽上皇だったとみられている。院の権力拡大を狙い、院政支持派の通親を使って頼朝を暗殺させたのだろう。

「朝廷による暗殺説」の他に、珍説・奇説もご紹介しておこう。

「平家の生き残りが、潜伏を続けて仇討ちを果たした」「これまで滅ぼした一族の亡霊の祟りで、発病して亡くなった」「橋供養の帰りに義経や安徳帝の亡霊を見て、驚きのあまり落馬した」などが有名だが、極めつきはなんといっても、「家臣の安達盛長の妻に夜這いをかけたところを、盛長に斬られた」だろう。しかも、この事件は、頼朝の浮気癖にキレた妻の政子が、密かに手を回していたという。

平氏や義経など、さまざまな人間の屍を乗り越えて権力の座についた頼朝には、相当に敵が多かったようだ。

裏切り男・小早川秀秋は良心の呵責に耐えかね、21歳で亡くなっていた！

小早川秀秋とは、天下分け目の大決戦「関ケ原の戦い」において、西軍から東軍に寝返り、勝敗に大きな影響を与えたとされる、希代の〝寝返り男〟だ。秀秋の裏切りさえなければ、西軍が勝利していたとさえいわれる。

では、小早川秀秋とは、どんな武将なのか。

秀秋は、秀吉の正室・北政所の兄・木下家定の五男で、幼い頃に秀吉の養子となった。一時は豊臣家の跡継ぎ候補と目されたが、秀吉の側室の淀殿が秀頼を産むと、毛利元就の三男・小早川隆景の養子となった。

ドラマなどでは、そのイメージのまま優柔不断の軟弱者に描かれることの多い秀秋だが、史実を紐解くと意外に勇猛なようだ。「慶長の役」の際には、日本軍の総大将として朝鮮出兵に参戦。みずから槍を手に敵陣へ攻め込み、13騎を討ち取ったという。

そんな秀秋は、関ケ原での裏切り後、どんな運命をたどったのか。

秀秋は戦功の恩賞として、西軍だった宇喜多秀家領の備前（岡山県東部）と美作（岡山県北部）に移封され、51万石に加増、岡山城の城主となった。岡山に移った当初は、城を改築したり、検地を行ったりと精力的に活動していた。だが、しだいに奇行が目立つようになる。秀秋は心身共に変調をきたし、関

ケ原の戦いの2年後に、21歳（諸説あり）の若さでこの世を去っているのだ。

その死因は何か。諸説あるが、最もポピュラーなのは「狂死説」である。51万石の岡山城主に納まったとはいえ、世間は秀秋を「裏切り者」と非難した。秀秋本人も、友軍を裏切ったという良心の呵責に苦しんでいたという。ついには、裏切った武将の怨霊に悩まされるようになり、発狂したというのだ。

また、20歳前後の若い身で大封を与えられたプレッシャーに耐えきれず、秀秋は酒に逃げた。酒量は日に日に増え、ついには酒浸りとなり、肝臓を悪くして急死したというアルコール依存症説もある。

他にも「天然痘による病死説」「落馬説」「手討ちにしようとした小姓に返り討ちにされた説」、はたまた「農民に股間を蹴られて即死した」のような〝チン説〟も伝わる。いずれにせよ秀秋には子供がいなかったため、秀秋の死後、小早川家は断絶。徳川の世になってから初の、無嗣断絶による改易だったという。

あわや流刑に！ 遣隋使・小野妹子が帰国後に迎えた最大のピンチとは？

「小野妹子」という名は、字づらといい、響きといい、一度見聞きしたら忘れられないインパクトがある。そのせいか、妹子の名や遣隋使であったことは、日本史が苦手な人にもよく知られている。

また、妹子は厩戸皇子（聖徳太子）の手によるものとされる有名な国書「日出づる処の天子、書を日没する処の天子に致す」を隋へ持参したことでも有名だ。

だが、そこまでは頭に入っていても、隋から帰った妹子が、その後、どうなったかをご存じの方は少ないはずだ。

では、帰国後、妹子には、どのような運命が待ち受けていたのか。

妹子が対等な外交を成立させるために、聖徳太子の国書を携えて、大国・隋に渡ったのは、６０７年（推古15）のことだ。皇帝煬帝に国書を渡し、翌年の4月には、使者・裴世清とともに無事に帰国している。

ところが、妹子は煬帝からの返書を持ち帰っていなかった。帰国の途中に立ち寄った百済で盗賊に襲われ、奪われたというのだ。

遣隋使は、現代でいうと「外交官」である。外交官が相手国のトップからの返書をなくしたとあれば、大問題だ。当然のことながら天皇の側近たちは激怒し、妹子の責任を追及した。その結果、妹子は「返書紛失」の罪で流刑に処すと決まった。

生涯最大のピンチである。

そこへ、思わぬ救いの手が差し伸べられる。推古天皇が「流刑取り消しの勅（ちょく）」を発して、妹子を助けてくれたのだ。当時、妹子と一緒に日本に来た隋使の裴世清が、まだ日本にいたため「下手に処分して、隋使にバレると体裁（ていさい）が悪い」というのが、妹子の流刑を取り消した理由だった。

　取り返しのつかない大きなミスを許された妹子だが、最近では「返書の紛失」は、でまかせだったのではないかといわれている。

妹子が受け取った隋からの返書は、実は日本を朝貢国（ちょうこうこく）として扱う、対等とはとてもいえない内容だった。そのため天皇の目に触れぬように、妹子は機転を利かせ、奪われたと嘘をついたのではないか——そんな説が有力になってきている。

　真実はともあれ、流刑を免れた妹子は再び隋に派遣される。その後も順調に活躍し、「大徳（だいとく）」という、冠位十二階の第一位——すなわち、官吏（かんり）のトップにまで昇り詰めたのだった。

78歳で同棲、80歳で遊郭通い…一休さんの絶倫すぎる晩年とは？

「一休さん」の愛称で親しまれる一休宗純（そうじゅん）は、室町中期の臨済（りんざい）宗の僧である。

一休は南北朝統一の2年後にあたる1394年（明徳5）に生まれた。父親は北朝最後の天皇である後小松天皇、母親は南朝に属する貴族の娘とする説が有力だ。政治的な紛争に巻き込まれないように、6歳で出家させられたという。

15歳のときには、すでに都で評判になるほどの詩才があり、才気煥発であった。やがて、能の金春禅竹、堺の豪商・尾和宗臨、俳諧の祖・山崎宗鑑など、当代きっての一流人が門下に集まる名僧となる。

だが、「このはし、渡るべからず」などの、いわゆる「一休さんのとんち話」の多くは、後世の創作、あるいは民間に伝わる説話などからの流用だ。加えて、実際の一休は、アニメなどで知られる「とんち小僧の一休さん」のイメージとは程遠い〝破戒僧〟だった。

一休は、ボロボロの法衣をまとって法要に現れ、肉食妻帯が禁じられた僧であるにもかかわらず、肉も食べれば酒も飲み、色を好んだ。「狂雲子」というペンネームで書いた漢詩集『狂雲集』には「酒と色と詩に溺れて、先輩に叱られた」とあるほどだ。

ただし、一連の〝破戒行動〟は、一休ならではの、腐敗した仏教界へのレジスタンスだったともいわれている。

この当時の高僧たちは、きれいごとを並べ、表向きは清廉潔白に振る舞っていても、裏では女犯や男色にふけっていた。高僧らが陰で行っていることを表舞台で堂々と実行することは、高僧たちへの痛烈な皮肉であったという。

バイタリティあふれる破戒僧・一休だが、その晩年は、どんなものだったのだろうか。年齢を重ねて、少しは枯れたのだろうか。

これが、枯れるどころか、ますますお盛んになっていったのだ。

78歳で、50歳は年下の森侍者という盲目の美女と出会い、同棲を始めた。以後、死ぬまで夜ごと交わったという。さらに80歳で遊郭に行ったなど、赤裸々な性生活が、先述の『狂雲集』にリアルにつづられている。

とはいっても、名僧であったことは確かで、一休の終の住み処である「酬恩庵」（通称・一休寺）には、一流の文化人が訪れ、教えを受けたと伝わる。

盛りをとうに過ぎてもお盛んな一休ではあるが、それでも不死身ではなく、1481年（文明13）にマラリアに罹って病死する。88歳まで生きたわけで、当時はもちろんのこと、現代でもご長寿だ。

しかし、一休には不服だったようだ。一休の最期の言葉は「死にとうない」だったという。

木戸孝允は死後、「明治の元勲」伊藤博文に愛人を奪われていた！

「維新の三傑」とは、明治維新でとくにめざましい功績を挙げた、西郷隆盛、大久保利通、そして、木戸孝允を指す。

圧倒的なネームバリューを誇る西郷隆盛や大久保利通に比べて、木戸孝允の名は馴染みが薄いかもしれないが、その実力は本物だ。

木戸孝允は、旧名を桂小五郎という。１８３３年（天保４）に、長州藩医の次男として生まれた。17歳で吉田松陰に学び、討幕の志士として活躍していく。１８６６年（慶応２）に薩摩藩と長州藩との間に結ばれた、かの有名な「薩長同盟」において、薩摩を代表したのが西郷隆盛、長州を代表したのが小五郎（孝允）である。「逃げの小五郎」などという、あまりありがたくないあだ名をもつが、実は剣の達人。また、残された写真を見る限り、なかなかのイケメンである。

明治維新後は木戸孝允を名乗り、「五箇条の御誓文」の起草、「版籍奉還」、「廃藩置県」などを主導し、近代日本の礎を築く。ところが、大久保利通と対立したため政権の主流から外れた。

木戸孝允

伊藤博文

1877年（明治10）、西郷隆盛が西南戦争を引き起こすと、みずから兵を率いて鎮圧に向かうべく志願したが、却下された。政治的な理由の他に、胸部や肝臓、歯と、体のあちこちに病を抱えていたからだ。

孝允の病は重く、明治天皇が慰問に訪れ、勅語も与えられたが回復しなかった。同年の5月26日、

「西郷もまた大抵にせんか」

と怒鳴った後に、孝允が京都で病死したのは有名な話だ。享年45。

ところが病死後、意外な出来事が起きる。

生前、孝允には世話をしていた芸妓が、京都に2人いた。その2人とも、なんと、のちの初代内閣総理大臣・伊藤博文とデキてしまったのだ。博文は、孝允と同じ長州閥。しかも、孝允と、のちに孝允の妻となった幾松という芸妓の仲を取り持っている。

博文は「木戸が世話をしていた女性に不自由な思いをさせたくない」と、孝允の代わりに仕送りをした。その後、いつのまにか自分の愛人としてしまったという。

博文は、精力絶倫の女好きとして有名であった。「伊藤のいくところ女あり」といわれ、明治天皇にも「少し控えなさい」とたしなめられているほどだ。孝允も草葉の陰で「伊藤もまた大抵にせんか」と、怒鳴りつけたかもしれない。

漂流者ジョン万次郎はアメリカから帰国後、どうなった？

日本人で、初めてアメリカ本土へ渡った者の名をご存じだろうか。答えは、幕末～明治にかけて活躍したジョン万次郎こと、中浜万次郎である。万次郎は、1827年（文政10）に、土佐の中浜（高知県土佐清水市中浜）で、貧しい漁師の次男として生まれた。

さて、貧しい漁師の次男が、なぜアメリカへ渡ったのだろうか。

万次郎は14歳のとき、仲間と漁に出て遭難し、アメリカの捕鯨船ジョン・ホーランド号によって救出された。

そのとき万次郎は、船長ホイットフィールドに「船に残って捕鯨船員になりたい」と懇願する。万次郎を気に入っていた船長は快諾し、万次郎を船長の故郷であるマサチューセッツ州フェアヘーブンへと連れて行く。このとき、万次郎は、船名にちなんだ「ジョン・マン」という愛称をつけられたと伝わる。

アメリカに渡った万次郎は、英語・数学・測量・航海術・造船技術などを学び、捕鯨船の航海士として世界の海を巡ったすえに、帰国する。故郷の土佐の地を踏んだとき、万次郎は25歳になっていた。

では、帰国後の万次郎は、どのような人生を送ったのか。

当時は、鎖国から開国へと向かう幕末争乱のさなかである。アメリカに精通した万次郎は、幕府にとって貴重な人材であった。よって、ペリーが来航し混乱が生じると、万次郎は幕府によって江戸に招聘（しょうへい）された。

万次郎は幕臣となり、名字帯刀を許される。以後、出身地の中浜をとって「中浜万次郎」を名乗るようになった。洋式帆船の造船指揮、航海術本の翻訳と、精力的に幕府の仕事に関わった。

1860年（万延元（まんえん））には通訳として、咸臨丸（かんりんまる）でアメリカに渡っている。このときは船酔いで苦しむ勝海舟（かつかいしゅう）ら日本人乗組員に代わって、同乗したアメリカ海軍のブルック大尉の補佐として活躍した。

帰国後は、薩摩や土佐で教授に就任。1870年（明治3）には、普仏（ふふつ）戦争視察団としてヨーロッパへも派遣されている。そのときにフェアへーブンを訪れ、20年ぶりにホイットフィールド船長と再会を果たしている。

しかし、万次郎は足の潰瘍が悪化して、ヨーロッパから帰国。帰国後も病に倒れ、それ以後は静かに暮らす。そして1898年（明治31）、71歳でその生涯を終えた。

現在、万次郎の故郷の土佐清水市は、かつて万次郎が暮らしたフェアヘーブンと姉妹都市盟約を結んでいる。もちろん、万次郎の縁によるものだ。生前に日米の架け橋だった万次郎は、死後もその役割を果たしているのだ。

キリシタン大名の高山右近は国外へ追放後、マニラで大歓迎されていた！

高山右近とは「ジュスト」の霊名（洗礼名）をもつ、キリシタン大名だ。戦国時代、数多く存在したキリシタン大名の中でも、ずば抜けて敬虔だったと伝わる。ちなみに「ジュスト」とは、ポルトガル語で「正義の人」を意味する。

文武両道にすぐれ、千利休の7人の高弟「利休七哲」の1人でもある。人望もあり、右近の影響で、蒲生氏郷、黒田孝高ら多くの大名がキリシタンになった。前田利家が、入信こそしなかったもののキリシタンに好意的だったのも、右近の影響だといわれている。

国外からの評価も高い。２０１６年1月には、バチカンからカトリックの「福者」と認定されている。なお、「福者」とは、カトリック教会で最高位の崇敬対象である「聖人」に次ぐ称号だ。

国内外でこれほどの評価を受けながらも、高山右近の生涯と晩年は、あまり知られていない。

右近は１５５２年（天文21）に生まれ、父・友照もキリシタンだったことから右近も12歳で洗礼を受ける。右近はその後、荒木村重、織田信長、羽柴秀吉に仕え、秀吉のもとで小牧・長久手の戦いや四国制圧などに参戦し、６万石を与えられた。しかし、１５８７年（天正15）、秀吉によって「バテレン追放令」が出されると右近は棄教を拒否し、領地を没収される。領地と財産を捨てて信仰を貫き、人々を驚かせた。

その後は前田利家のもとに身を寄せていたが、徳川幕府を開いた家康は、さらに厳しくキリシタンを取り締まり、１６１４年（慶長19）に主だったキリシタンは国外追放されることになる。大坂城にいまだ健在の豊臣家への攻撃を前に、キリシタンが豊臣に味方しないようにするための作戦だったといわれている。

右近は62歳になっていたが、妻のジュリアらとともに長崎から船に乗り、キリスト教圏のルソン島（フィリピン）のマニラを目指して旅立った。暴風や逆風、荒波に食糧不足などに悩まされ、死者すら出る苦しい船旅の末、43日後に右近らはマニラに到着した。

さて、マニラに渡った右近たちは、その後どうなったのか。

右近の篤(あつ)い信仰心は、イエズス会の報告によって、すでに知れ渡っていた。現地の要人たちは、わざわざ船に乗り込んで右近らを出迎え、いっせいに祝砲を鳴らし、熱烈に迎え入れてくれたのだ。海を渡ってやってきた日本のキリスト教徒をひと目見ようと、多くの人々が押し寄せたという。現地の総督からは無償で屋敷も与えられ、右近は新天地で信仰一筋に生きられるはず——だった。

ところが、62歳の右近の体は、40日を超える過酷な船旅と不慣れな南国の気候によって衰弱しきっていた。右近は熱病に罹(かか)り、上陸からわずか40日ほどで死亡する。キリシタンであることを貫き通した右近は、マニラに散ったのだった。

帰国後のペリーは「日本が強国になる」と予見した本を執筆していたって?!

1853年（嘉永(かえい)6）、アメリカ海軍のペリー提督が黒船艦隊を率いて鎖国中の日本に来航し、開港を迫った。幾多の困難を経て、翌年、江戸幕府とペリーとの間に日米和親条約が結ばれる。これにより日本政府は、下田と箱館（函館）の両港でのアメリカ船の寄港や、薪水・食料などの補給、および、下田に領事を駐在させることなどを許可した。貿易こそ認めなかったものの、開国の大きなきっかけとなった――という、日本史上の大転換点となった事件である。

だが、日米和親条約締結の立役者であるペリー提督に関しては、生まれ、育ち、人柄はもちろんのこと「マシュー・カルブレイス・ペリー」というフルネームすらあまり知られていないのではないだろうか。

ペリーは1794年に、ロードアイランド州ニューポートで生まれた。父親は、アメリカ海軍に認められた私掠船の船長だった。私掠船とは、敵国の船を攻撃して船や積み荷を奪う許可を得た民間の船を指す。ようするに、国が認めた海賊船である。

ペリー自身は15歳で海軍に入隊し、米英戦争に参戦、39歳で海軍大佐になったのちに、海軍工廠司令官に任命された。そして数々の手柄を立て、「蒸気船海軍の父」と称されるまでになる。

その後、黒船とともに日本を訪れたのは、先に述べたとおりである。ペリーは、日米和親条約を締結し、琉球でも通信条約を結ぶと体調不良を理由に帰国した。ペリーが成し遂げた偉業はヨーロッパ諸国にすでに伝わっていたため、帰国途中に立ち寄る先々で大歓迎されたという。

では、帰国後のペリーは、どうなったのだろうか。再び黒船艦隊を率いて、七つの海を駆け回ったのだろうか。

答えは否である。ペリーが再び航海に出ることはなかった。

彼はアメリカのマンハッタンに居を構えると、全3巻の書物を執筆しはじめる。それが『日本遠征記』である（ただし、制作に国家予算が使われたため、第1巻しか市販されなかった）。

ペリーは『日本遠征記』の中で、日本人に関しては「洗練された理性的な国民で、隣国の中国より説得に対して心を開く」と述べている。だが、特筆す

日本人職人の技は世界一だ！
イヨ！
カ
Kunio

べきは、日本人の職人の技術を「世界一」と絶賛し、「もっと自由に発明の能力が発揮できれば、世界でもトップクラスの製造業国となるだろう」と予見していることだ。まだ発展途上だった日本の未来を的中させているのだ。

遠征記が完成した2か月後にペリーは体調を崩し、1858年3月4日に心臓発作で亡くなった。享年63。日本から帰国して4年後のことだった。

板垣退助は「板垣死すとも自由は死せず」と叫んでからも生きていた！

板垣退助といえば明治を代表する政治家だ。民権運動の指導者として知られる。「板垣退助の最期の言葉は？」と問われたら「板垣死すとも自由は死せず」と、かの有名なセリフを挙げる方が、少なからず存在するのではないか。

たしかに名ゼリフであることは疑う余地はない。だが、実は退助の最期の言葉ではない。

では、いつ、どこで発した言葉なのか。それは、1882年（明治15）4月6日、退助が岐阜県で暴漢に襲われたときの叫びであると伝えられる。

日本初の全国的政党である自由党の総理に就任した退助は、自由民権運動の推進者として、各地を遊説していた。そんな中、岐阜県の演説会場から宿舎に向かう途中、退助は刃渡り27センチにも及ぶ短刀を振りかざした男に襲撃されたのだ。退助は暴漢ともみ合いになり、手や胸を数か所刺された。そのときに退助が「板垣死すとも自由は死せず」と叫んだとされ、新聞の報道によって全国に広まった。

しかし、本当にそう叫んだかは定かでない。一説によると「痛い、早く医者を呼んでくれ」と、退助の出身地である高知の方言で叫んだともいわれる。

その後、退助はどうなったのか。

駆けつけた護衛の者が暴漢を取り押さえ、退助は一命を取り留めた。胸や手を負傷したものの、幸い命には別条なく、退助はこの襲撃事件後も生き続けるのだ。

退助が亡くなるのは「板垣死すとも……」と叫んだとされる日から40年近い月日が流れた、1919年（大正8）7月16日のことである。

清水次郎長が、渡世人から心機一転して取り組んだ意外な事業とは？

「街道一の大親分」と称される清水次郎長は、その名のとおり、駿河国清水湊（現在の静岡市清水区）出身の渡世人だ。本名を山本長五郎といい、幕末～明治中期までの、激動の時代を生き抜いた。時代劇などで人気だが、けっして正義の味方ではなく、子供の頃から札つきのワルであった。

博徒の世界に入ったのは22歳頃で、一説によると、次郎長の人相を見た旅の僧に「とても25歳まで生きられないだろう」と宣告されたため、「じゃあ、太く短く生きてやる」と、なかばヤケのような形だったという。

次郎長は、博打やケンカで次郎長一家の名を上げ、縄張りを広げるために抗争を繰り返していく。人を殺めたことも一度ならずあったようだ。その結果、400人余りの博徒のボスになったと伝えられる。「街道一の大親分」は少し大袈裟としても、駿河国では一目置かれる存在であったようだ。

博打、ケンカ、闘争と血なまぐさい日々を送る次郎長は、その後、どうなったのか。時代が江戸から明治に移り、日本が大きく変わった年に、次郎長にも意外な転機が訪れる。

1868年（明治元）、次郎長は東海道総督府判事の伏谷如水から、これまでの悪事を許され、新政府の「東海道探索方」――簡単にいうと「街道の取り調べ」を命じられた。追っ手から逃れる日々から、一転、取り締まる側となったのだ。土地の内情にくわしいのと、子分の多さを新政府に見込まれての大抜擢だという。

清水次郎長

その後の次郎長は、生き方を１８０度変え、罪滅ぼしのつもりなのか、なんと社会事業家として活躍していく。

囚人を使って富士山麓を開墾したり、清水湊へ蒸気船を導入したり、油田の開削事業を起こすなど精力的に活動し、地元・清水の発展に努めた。また「末広亭」という汽船宿を開業し、そこにアメリカ人の講師を招いて英語塾まで開いている。

晩年は、どてら姿で縁側に腰かけ、子供たちの相撲を眺める、気のいいお爺ちゃんだった。だが、晩年も意欲は衰えなかったらしく、１８９３年（明治26）に74歳で没するまで、フランス渡航を夢見ていたという。葬式には１０００人前後の子分が参列したと伝わる。

墓は静岡市の梅蔭寺にある。ちなみに、墓石には「侠客次郎長之墓」が刻まれているのだが、この文字を書いたのは、明治政府で文部・外務などの各大臣を歴任した榎本武揚である。

北海道を去ったクラーク博士は波瀾万丈の後半生を送っていた！

「ウィリアム・スミス・クラーク」の名に聞き覚えがなくとも、「クラーク博士」ならご存じだろう。「Boys, be ambitious」――そう、「少年よ、大志を抱け」のクラーク博士である。

このあまりに有名な台詞とは反対に、クラークの波瀾万丈の人生は、あまり知られていない。

クラークの前半生の経歴は、知的で華やかだ。1826年にアメリカのマサチューセッツ州の医者の子として生まれ、名門のアマースト大学と、ウィリストン神学校で学んだ。さらにドイツに留学し、化学の博士号をとっている。

その後は、母校のアマースト大学の教授に迎えられ、化学、動物学、物理学を教える。このときの教え子にアマースト大学初となる日本人留学生がいた。のちに同志社大学を創立する新島襄（にいじまじょう）だ。

やがて、マサチューセッツ農科大学の学長（プレジデント）に就任すると、教え子だった新島襄を介して、農業学校の指導者を探す明治政府から熱心な訪日の誘いを受けた。熱意に打たれたクラークは、訪日を決意。マサチューセッツ農科大学の休暇を利用し、極東に浮かぶ小さな島国・日本へと旅立ったのだ。クラーク、50歳のときである。

　こうして札幌の農学校の教頭に就任すると、植物学を中心に自然科学を英語で教え、キリスト教の講義を行った。ちなみに年俸は7200円。現代の価格に換算すると、1億2000万円に相当するという。

　クラークが約8か月の短い任期を終え、帰国する際に、別れを惜しむ学生たちに残した言葉が、冒頭で述べた「少年よ、大志を抱け」である。

　では、アメリカに帰国したクラークは、その後、どうなったのか。その晩年は波乱に満ちている。

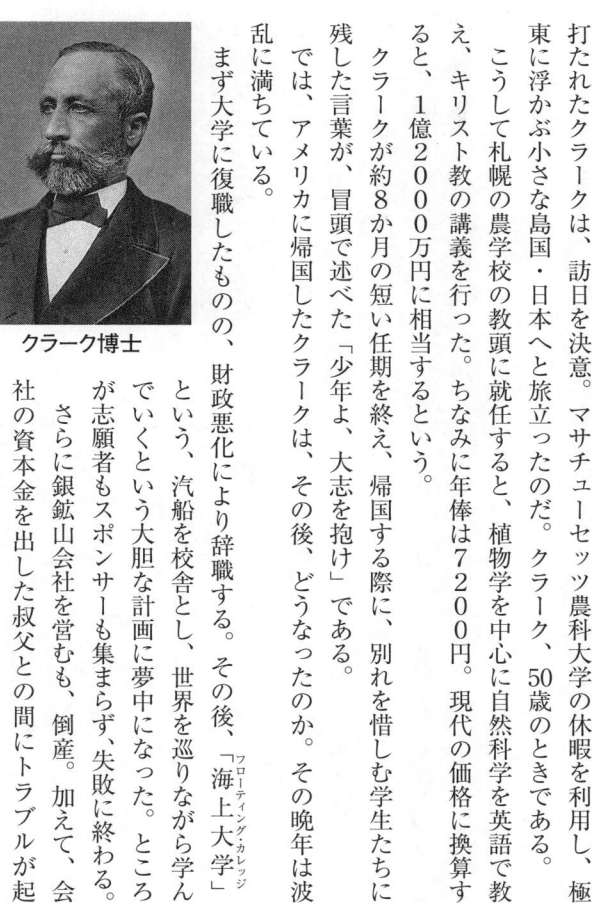

クラーク博士

　まず大学に復職したものの、財政悪化により辞職する。その後、「海上大学（フローティング・カレッジ）」という、汽船を校舎とし、世界を巡りながら学んでいくという大胆な計画に夢中になった。ところが志願者もスポンサーも集まらず、失敗に終わる。

　さらに銀鉱山会社を営むも、倒産。加えて、会社の資本金を出した叔父との間にトラブルが起き、裁判沙汰になった末に敗訴した。クラークは

「詐欺師、山師」と非難を受け、心臓病や肺炎を患い、59歳でこの世を去った。

一説によると、「Boys, be ambitious」の「ambitious」は「大志」よりも「野心」のニュアンスが強く、クラークも「私のように野心を持て」という意味で使った可能性が高いという。だとすれば、帰国してからのクラークはambitiousを抱きすぎたのかもしれない。

バルチック艦隊を破った東郷平八郎が死の床で望んだ意外なこととは?

「トーゴー・ターン」と呼ばれる大変奇抜な戦術を、ご存じだろうか。

トーゴー・ターンとは、日露戦争のハイライトともいうべき「日本海海戦」において、連合艦隊司令長官・東郷平八郎が用いた海戦史に深く刻まれた戦術である。東郷平八郎は、この戦術によって、超大国ロシアが誇るバルチック艦隊を破り、日露戦争における日本の勝利を決定づけたのだ。

では、トーゴー・ターンとはどのような戦術で、平八郎はいかに日本連合艦隊を勝利に導いたのか。

1905年(明治38)5月27日から翌日にかけての日本海海戦において、平八郎は、縦に隊列を組んで向かってくるバルチック艦隊を縦隊列で待ち受けた。その後、敵が迫ると160度ターンし、敵艦の先頭にいっせい砲撃をかけた。これが、「敵前大回頭」、あるいは「T字戦法」とも呼ばれる「トーゴー・ターン」である。

平八郎の作戦は見事に決まった。38隻からなるバルチック艦隊のうち19隻を撃沈させ、5隻を捕獲した。対して日本側は、水雷艇が3隻ほど撃沈されただけだった。平八郎は海戦開始から終了まで、4色のZ旗が翻る「三笠」の艦橋（指揮所）に微動だにせず立ち続けていたという。

かくして平八郎率いる連合艦隊は大勝利を収めた。平八郎は、日露戦争最大のヒーローともてはやされ「生き神」とまで崇められることになる。その名声は国内だけにとどまらず、世界中から「東郷提督」、「東洋のネルソン」と称えられた。ロシアと敵対していた国では、子供に「トーゴー」と名づける親さえいたという。

さて、その後、東郷平八郎はどうなったのか。

1913年（大正2）に元帥に昇格。翌年に東宮御学問所総裁になり、皇太子（昭和天皇）の教育にあたるという栄光の道を歩み続けるも、大きな発言力をもつため、やや煙たがられる存在だったようだ。

晩年は喉頭がんに冒され、大金を費やして（一説によると10億円以上）最先端の治療が行われた。しかし、病は悪化の一途をたどり、1934年（昭和9）5月には手の施しようがなくなっていたという。

平八郎も自分の死期が近いのを察したのか、最後の願いを告げる。その願いとは「妻の顔がひと目見たい」というものであった。実は平八郎の妻もまた、病床についていたのだ。

平八郎の侍医と長男は相談のうえ、2か所の襖（ふすま）を開き、平八郎とその妻を一間を隔（へだ）てる形で横たわらせた。このとき、2人は言葉こそ交わせなかったものの、互いに見つめ合ったと伝わる。

そして5月30日、生き神「東郷提督」はこの世を去った。享年88。その功績を称えられて国葬が営まれると、世界中からその死を悼（いた）む声が寄せられたという。

2章

知られるとちょっと恥ずかしい?!

後世まで名を残す「天才・才女」のその後

『土佐日記』執筆後の紀貫之は、困窮して権力者におもねる歌を詠んでいた！

紀貫之は、初の勅撰集である『古今和歌集』の編纂をしたことで一躍、歌人としての名を高めた。だが、現代人のわれわれが紀貫之の名を聞いて真っ先に思い浮かべるのは、なんといっても『土佐日記』だろう。

『土佐日記』とはその名のとおり、貫之が土佐守の任を果たして、京都へ帰着するまでの55日間の海路の旅を、なぜか女性に擬してつづった日記体の紀行文だ。「仮名で記された日記文学」という、新しい文学ジャンルの誕生である。

歌人として名高いうえに歴史に残る名作を記したのだから、京に戻ってからはさぞかし輝かしい日々を送ったのだろう――と思いきや、貫之を待ち受けていたのは官職を得られない、つまり職がないという過酷な現実だった。では、なぜ貫之はそんな事態に陥ったのだろうか。

その理由は、土佐守の在任中に、醍醐天皇（上皇）や宇多法皇、藤原兼輔など、貫之のスポンサーたちが次々とこの世を去ったことにある。後ろ盾を失った貫之には、和歌の依頼はあっても任官先がなかったのだ。

加えて、当時、60歳を過ぎていた貫之は、経済的に困窮していたとみられている。一説によると、この時代、国司ともなると不正を行い、任を終える頃には大いに私腹を肥やしているのが一般的だったが、貫之は清く正しく任務をまっとうした。ゆえに京に戻ったときには、ほとんど財産がなかったという。

しかし、貫之はただ真面目なだけの人間ではなく、生き延びるためのしたたかさも持ち合わせていた。時の権力者である摂政藤原忠平の息子・師輔に、

「朝日さすかたの山風今だにも　身のうち寒き氷解けなむ」

という、藤原忠平・師輔親子を「朝日さすかた（朝日が射す方）」と持ち上げ、任官先も財産もない貫之自身を「身のうち寒き氷」と嘆く歌で、忠平に任官を取りなしてほしいと懇願しているのだ。

この歌が功を奏したのか、のちに従五位上に昇進、76歳頃に病没するまで生きながらえたという。

山本五十六の死後、発見された“恥ずかしすぎる”ラブレターの中身とは？

「やってみせ、言って聞かせて、させてみて、ほめてやらねば人は動かじ」

有名な人心掌握（しょうあく）の心得である。この言葉を残したとされるのが、「軍神」と呼ばれる海軍軍人・山本五十六（いそろく）である。

五十六は、その死後に「元帥」の称号が贈られ、国葬が行われたほどの軍人。航空本部長、海軍次官などを歴任し、1941年（昭和16）のハワイ・真珠湾攻撃では連合艦隊司令長官として作戦を指揮した。

なお、いささか風変わりにも思える「五十六」の名前は、生まれたときの父親の年齢からつけられたという。

軍神と呼ばれていても五十六はけっして聖人君子ではなく、しっかり愛人をつくっていた。相手は「梅龍」の源氏名をもつ新橋の芸者で、本名を河合千代子という女性。1930年に出会い、4年後、軍縮交渉のロンドン会議にたつ前夜に結ばれたという。

不倫の是非はともかく、ここまではさほど珍しくないだろう。ましてや当時、五十六ほどの男なら愛人の1人や2人、いや、10人いたとしても不思議はないし、驚くことでもない。

だが、五十六の場合、特筆すべき点があった。命をかけた戦いのまっ最中に、この愛人へ恥ずかしすぎる（?）ラブレターを何通も——いや、何十通も出していたことが、死後に明らかになったのだ。

では、五十六の恥ずかしすぎるラブレターとは、どんな内容だったのか。

「あなたのあでやかに匂(にほ)う姿を見るほど内心寂しさに耐へぬのです」

「じつはあなたの力になってそれで孤独のあなたを慰めてあげたいと思って居た自分が、かへってあなたの懐(ふところ)に飛び込みたい気持ちなのですが」

などなど、これはもう熱烈としか表現のしようがない。極めつきは、なんといっても、ミッドウェー海戦への出撃直前に、戦地から送った「恋の歌」だ。

「うつし絵に口づけしつつ幾たびか　千代子と呼びてけふも暮らしつ」

　このとき五十六は59歳である。10代の少年でも、ここまで純粋な恋の歌は詠(よ)めないのではないだろうか。五十六は、ラブレターの中で「こんな気持ちは、ただあなただけに初めて書くので、どうぞ誰にも話をなさらないでおいてください」とも記している。

　死後に、愛する女性だけに打ち明けた熱い思いを全国的にさらされて、軍神も草葉の陰で赤面しているに違いない。

盲目の国学者・塙保己一は あの世界的偉人の手本となっていた！

誰もが一度は使ったことがある400字詰め原稿用紙は、誰が作ったとされているか、ご存じだろうか。一般には江戸後期の盲目の国学者・塙保己一（はなわほきいち）だといわれている。

では、塙保己一とは、どんな人物だったのか。

保己一は、1746年（延享（えんきょう）3）、武蔵（むさし）国児玉郡保木野村（埼玉県本庄市）の、裕福な農家の長男として生まれた。だが、7歳の春に病が原因で失明してしまう。点字も、音声がかかる器機もない時代である。保己一は、書物を他人に読んでもらい、それをすべて暗記していくという勉強法で学問の道に進んでいく。

保己一は驚異的な記憶力の持ち主だった。保己一の書庫には6万冊の本があり、それらをすべて、どこに何が書いてあるかを記憶していたという。

また晩年に、歌会で50の歌の添削を頼まれ、自宅に戻ってから50首のうち、どうしても3首だけ思い出せなかったとき「こんなに物忘れがひどくなっては、もう死ぬかもしれない」と呟（つぶや）いたというエピソードも伝わっている。

そんな保己一が、その生涯をかけて取り組んだのが、『群書類従（ぐんしょるいじゅう）』の編纂（へんさん）である。『群書類従』とは日本の古代〜江戸初期までの古書の集大成だ。合計666冊からなり、昭和32年には、国の重要文化財に指定された極めて貴重な書物である。

学問を続ける過程で、保己一は多くの貴重な古い文献が失われていることに気づいた。そこで、せめて今ある文献だけでもなんとか保存しようと、『群書類従』の編纂、および刊行に取り組んだのだ。この『群書類従』の印刷のための版木一面の文字数が、20字、10行の2段——すなわち、400字様式になっていて、これが冒頭で述べた400字詰め原稿用紙の起源だといわれている。

保己一は、41年という膨大な年月を費やし、この大出版事業を成し遂げた。お陰で、貴重な文献がバラバラになって行方がわからなくなったり、焼失したりせずに済んだのだ。後世の国学および歴史学の研究に与えた恩恵は計り知れない。

しかし、費用は膨大にかかった。保己一は『群書類従』の出版を決意してからは、借金まみれの生活を余儀なくされている。幕府からは毎年50両が支給されたものの、活動資金にはまったく足りなかったからだ。

76歳で亡くなったときには、現在の価格に換算すると1億円を超える1500両の借金が残されていたという。

その保己一の偉業は、のちに海を越えて世界的な偉人に影響を与えている。「奇跡の人」ヘレン・ケラーである。ヘレンは、母親から保己一を手本とするようにと励まされて育ったという。

1937年（昭和12）、ヘレン・ケラーは日本を訪問しているが、そのさいに保己一を顕彰（けんしょう）する社団法人恩故学会を訪れている。彼女は、保己一の銅像と愛用の机、および『群書類従』の版木に触れ、

「今日、先生の像に触れることができたことは、日本訪問における最も有意義なことと思います。先生の手垢の染みたお机と頭を傾けておられる敬虔（けいけん）なお姿とには、心からの尊敬を覚えまし

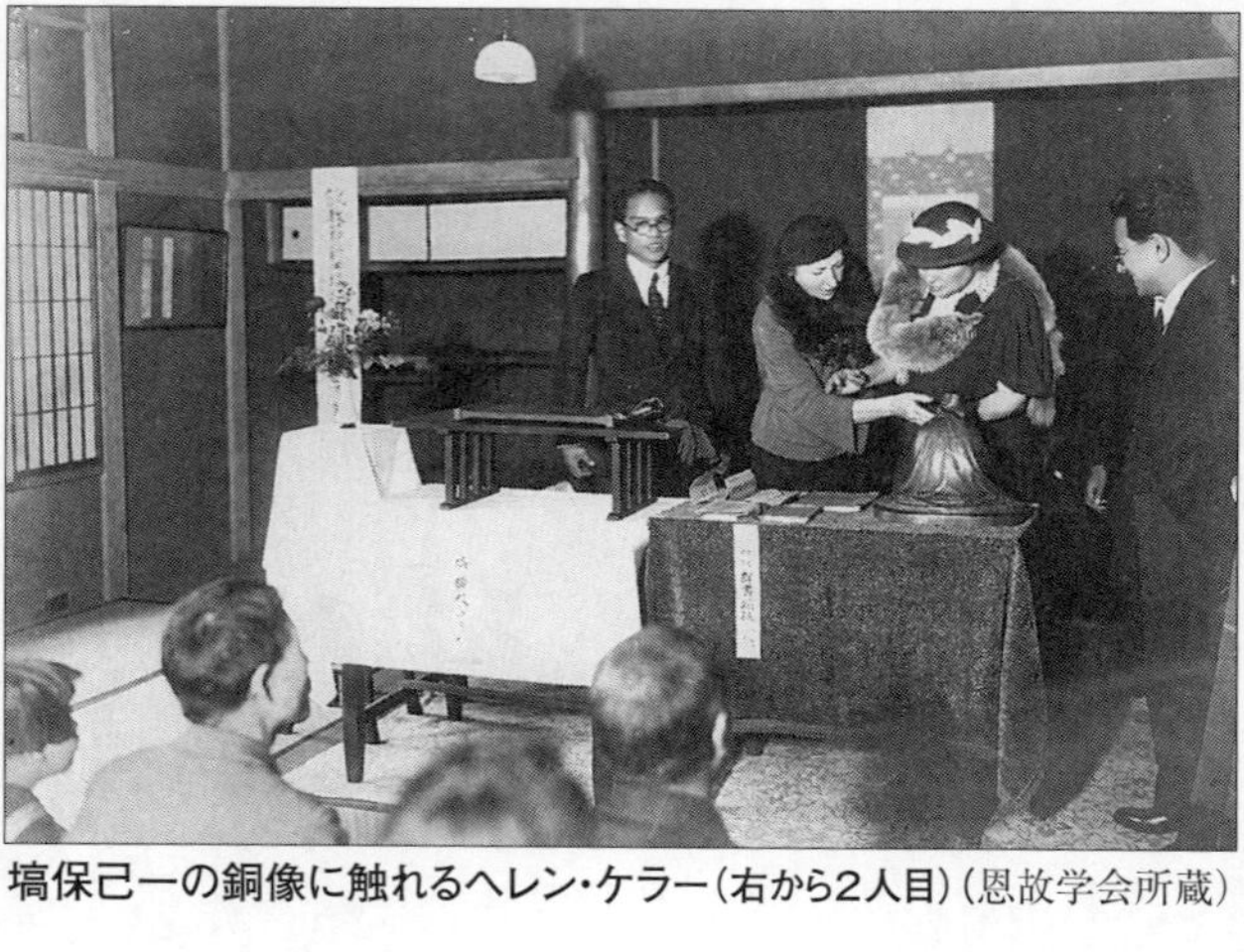

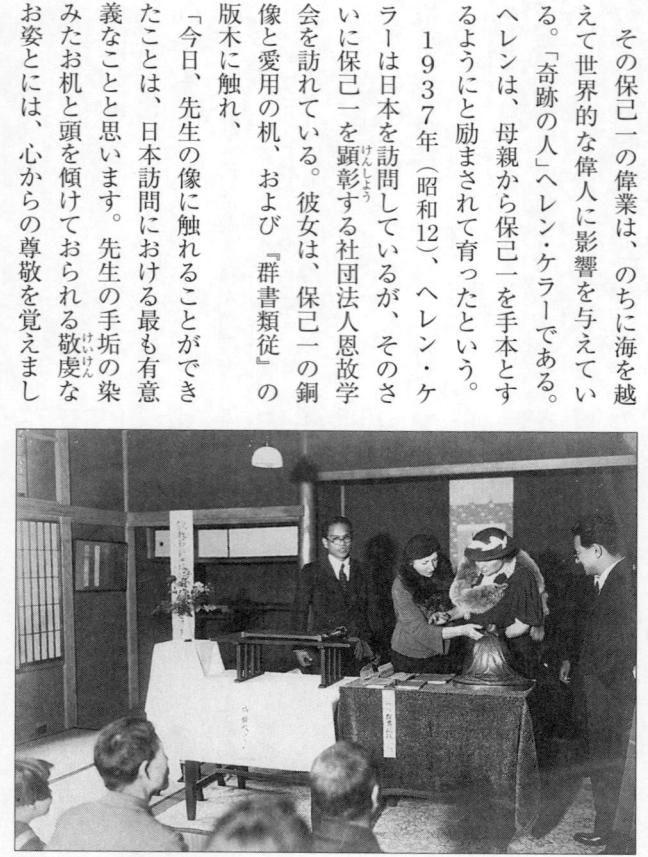

塙保己一の銅像に触れるヘレン・ケラー（右から2人目）（恩故学会所蔵）

た。先生のお名前は流れる水のように永遠に伝わることでしょう」（「社団法人恩故学会」ＨＰより）

と述べている。

『万葉集』の編纂者・大伴家持の後半生は〝疑われてばかり〟だった

大伴家持といえば、日本最古の和歌集『万葉集』の編纂者の１人。歌人としても名高く、『万葉集』に収められた全４５１６首のうち、自身の歌は１割強にものぼる。『万葉集』の最後も、家持が７５９年（天平宝字３）に詠んだ、こんな歌で締められている。

「新しき年の初めの初春の　今日降る雪のいや重け吉事」

元旦の今日降る雪のように、よいことがたくさん起きてほしい――しかし、その願いはかなわなかったようだ。万葉歌人として重要な地位を占めながらも、この歌を最後に家持の歌は残っていない。家持は「歌わぬ歌人」となったのだ。

その理由は、政界の変動に翻弄され、歌も詠めないような激動の人生を送ったからだとされている。では、『万葉集』編纂後の家持に、いったい何が起こったのだろうか？

最初の激動は、757年に発覚した「橘奈良麻呂の変」である。家持と親しかった橘奈良麻呂が、政治の実権を握っていた藤原仲麻呂（恵美押勝）を亡き者にしようと反乱を起こしたが、失敗に終わったのだ。

家持自身は「族を喩す歌」を詠み、一族に軽率な行動を取らないようにと戒めていた。大伴氏は古代豪族で、大和朝廷成立後は軍事で頭角を現した名門である。名族・大伴氏の末裔としての誇りから、クーデターに参加しなかったのだろう。

だが、一族の主だった者が反乱の計画に加わっていたために、家持も大伴一族も中央政権から追い出されてしまう。その後も、藤原仲麻呂暗殺計画への関与を疑われ、薩摩に左遷させられている。

764年（天平宝字8）に「藤原仲麻呂（恵美押勝）の乱」で仲麻呂が討たれると、ようやく家持は中央政権に復帰を果たす。

ところがここで、めでたしめでたしではない。またもや謀反への関与を疑われ、家持は一時、解任されてしまうのだ。このときはすぐに疑いが晴れ、家持は再び政界に返り咲く。783年（延暦2）には中納言に昇進を果たしている。

その2年後、家持は67歳で世を去るが、実は、死後も毀誉褒貶があった。今度は、桓武天皇の側近・藤原種継の暗殺事件に関与したとして、死者であるにもかかわらず位階、勲位を剝奪されるという憂き目に遭うのだ。

名誉が回復されたのは、死後21年もたってからのこと。806年（大同元）に従三位に復され、ようやく疑いは晴れたのだった。

才色兼備の歌人・小野小町がたどったという悲惨な末路とは？

思い続けた人が目の前に現れ、喜んだのもつかの間、それが夢だったと知る。ああ、夢とわかっていれば目覚めなかったのにと、がっかりする――平安前期に編纂された『古今和歌集』に、そんな恋心を詠んだ歌がある。

「思ひつつ寝ればや人の見えつらむ　夢と知りせば覚めざらましを」

作者は平安時代初期の女流歌人・小野小町だ。小野小町といえば、六歌仙、および三十六歌仙に選ばれたほどの歌人で、先に挙げたような、女性の立場から詠んだ情熱的な恋の歌を何首も残している。

また、現代でも美人を「○○小町」と称することがあるように、小野小町といえば美人の代名詞だ。美女にありがちだが、恋多き女性であったようで数々の男性と浮き名を流し、一説によると天皇の寵愛を受けたともいわれている。傲慢で男を見下していたとも伝わるが、もしかしたら、こちらはフラれた男の恨み節なのかもしれない。

まさに才色兼備を地でいく小町だが、その晩年は、どのようなものだったのか。

これが、あまりいい話は残っていない。

実は、小町は恋と同様に、謎多き女性でもある。和歌に漢詩の表現を取り入れていることから、貴族の娘であり宮中に仕えたとみられてはいるものの、いつ、どこで生まれ、誰と結婚し、どこで亡くなったのかなど、はっきりしたことは何もわかっていない。

『古今和歌集』に収録された18首の和歌だけしか小町の実在を裏づける史料がないため、「そもそも本当に実在したのか」と、その存在すら危ぶむ説もあるほどだ。

だが、なぜか、悲惨な末路の伝説が全国各地に数多く残っている。

たとえば「王妃となることを理想として」（『群書類従』より）、あまたの男たちのプロポーズを断り続けるが、親兄弟が死去すると没落。自慢の美貌も見る影もなく衰え、男たちからもそっぽを向かれるようになった。そこでしぶしぶ猟師と結婚するも、夫に先立たれてからは裸に近いみすぼらしい身なりで路頭に迷うようになったという。

また、そうした姿で諸国をさまよい、行き倒れたが、誰も葬ってくれず、小町はドクロとなった。その眼窩からはススキが生えていた――という、薄気味悪い話を描いた謡曲もある。

いずれにせよ、書物などで語られる晩年の小町は「家もなく金もない、醜く孤独な老婆」だ。その理由は、才気と美貌を妬まれたからとも、僧侶たちが「おごれる者は久しからず」と諸行無常の仏法を説く材料に使ったからだともいう。

十返舎一九は死後、花火とともに亡骸を打ち上げて人を仰天させていた！

十返舎一九というインパクトの強い名前は、もちろんペンネームだ。本名は重田貞一という。ペンネームの由来は、一九が嗜んでいた香道の作法「十返し」と、幼名が「市九」からきている。

十返舎一九といえば、やはり、弥次さん・喜多さんの名コンビが繰り広げる珍道中を描いた『東海道中膝栗毛』だ。ちなみに「膝栗毛」とは、膝を栗毛の馬の代わりにして旅をする――すなわち、徒歩での旅行を意味する。

『東海道中膝栗毛』は、江戸町人独特のユーモアと風刺が利いた江戸時代後期の滑稽本の傑作で、1802年（享和2）に初編が出版されると、爆発的にヒット。以来、21年間の長期にわたって続編を重ねた、大ベストセラーである。

加えて、弥次喜多コンビが各地の名所・風俗などをおもしろおかしく案内しているため、江戸っ子たちの旅心をくすぐり、空前の東海道ブームを巻き起こした。

では、一躍ベストセラー作家となった十返舎一九とは、どのような人物で、その後、どのような人生を送ったのか。

生まれは駿河国（静岡県中部・北東部）で、もともとは奉行所に勤めていた。江戸時代では最大の多作家で、読本、人情本、咄本、滑稽本とあらゆるジャンルを網羅し、挿絵もこなせるマルチぶりを発揮した。『東海道中膝栗毛』の挿絵も、そのほとんどは彼が手がけたものだという。また、執筆料だけで生計が成り立った、日本で最初のプロ作家だった。

一九は洒と旅を好み、色事を嗜んだ。一説によると、金離れがよく、気前よく人に奢ってばかりいたため、家計は楽ではなかったという。

家財道具は質に入っていたため、壁に白紙を貼り、そこにタンスなどの家具を描いていたというエピソードも残っている。それでも、美貌の愛娘に大名の妾にとの話があったときは「後でどんな幸福が待っていようと、娘を妾にする気はない」と断ったと伝えられる。

晩年は中風や眼病で、体が不自由となってしまう。それでも、一九が67歳で亡くなる1831年（天保2）まで本は刊行され、江戸っ子たちを楽しませ続けた。

今でいう「エンタメ作家」の走りであった一九は、辞世の句も、

「この世をばどりゃお暇に線香の　煙とともに灰左様なら」

と、実に洒落ている。

だが、辞世以上に一九らしさを発揮したのは、その「死後」である。

一九は「自分が死んだら亡骸は湯灌せずに、すぐに火葬すること」と言い残していた。遺言に従い、棺に火を点けたところ、なんと突然に爆発が起こって花火が舞い散った。遺体と一緒に棺に入れた頭陀

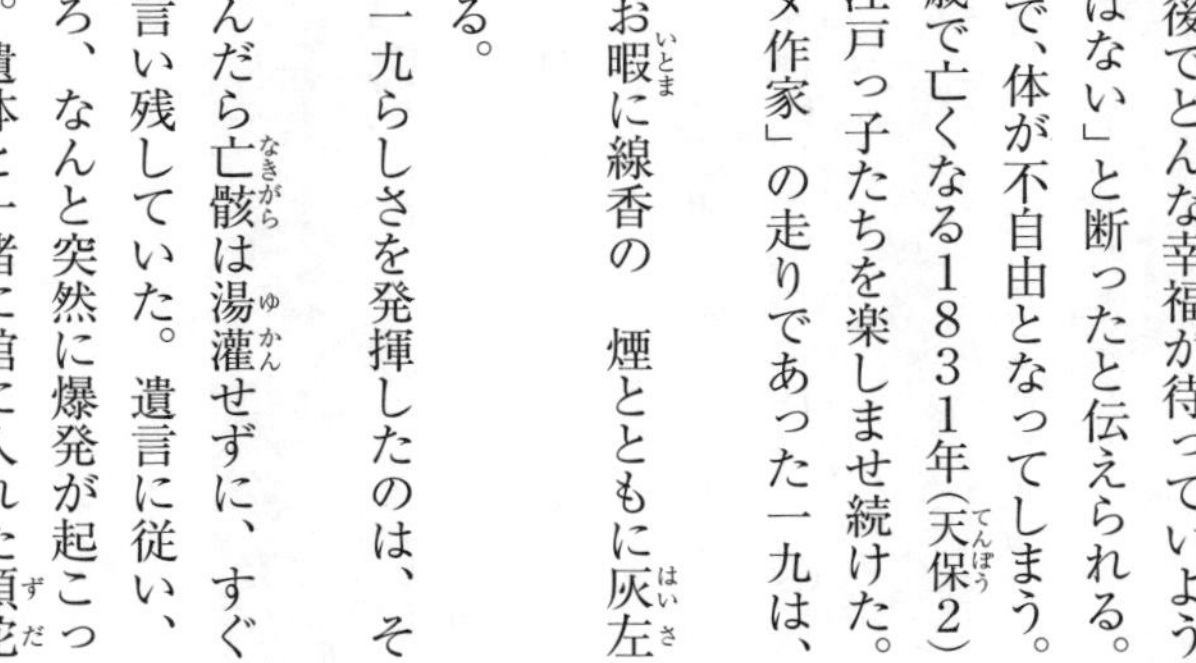

袋に、一九は大量の線香花火を仕込んでいたといわれている。
棺から花火が上がるという前代未聞の大事件に、弔問客は驚き腰を抜かした。一九は、死後も人々を楽しませたのだった。

二葉亭四迷は筆を折った後、ロシアに渡ってベンガル湾で息絶えていた！

二葉亭四迷とは、明治時代の小説家・翻訳家だ。本名は長谷川辰之助。ペンネームが「くたばってしまえ」の音訳であることは有名だが、これには由来が2種類ある。一つは父親に「貴様のような厄左者はくたばってしまえ」と叱られたから。もう一つは、自分が情けなくなり、みずからをそう罵ったからだという。どちらにしろ、由来を触れ回ったのは四迷自身だといわれているから、かなり自虐的である。

小説家としては言文一致体――すなわち、書き言葉と話し言葉を一致させたリアリズム小説の先駆者として、その名を明治文学史に刻み、島崎藤村らに影響を与えた。また、ロシア文学の翻訳でも知られる。

小説家・翻訳家として名を残した四迷であるが、その経歴は異色中の異色である。

実は四迷は、幕末の志士のような気質の持ち主だった。当時の日本にとって脅威であるロシアに立ち向かうために軍人を志望したという。ところが、陸軍士官学校を受験するも3度も失敗する。

軍人が無理なら外交でロシアに挑もうと、外交官志望に転身し、東京外国語学校（現在の東京外国語大学の前身）のロシア語学科に入学した。ここで、のちに翻訳を手がけることになるロシア文学に出合う。

ロシア文学との出合いによって、四迷は文学に目覚め、小説家を志す。小説『浮雲（うきぐも）』や、ツルゲーネフの『あひびき』『めぐりあひ』などの翻訳で注目されるも、経済的理由や、「小説家に向いていないのでは」などの文学的な苦悩により、筆を折ってしまう。

二葉亭四迷

ここまででも十分に波瀾万丈（はらんばんじょう）だが、その後はもっと意外性に満ちている。

小説を断念した四迷は、次々とロシアに関わる仕事に就いていく。

まず、内閣官報局に入って官吏（かんり）となり、英字、次いで露字新聞の翻訳を担当したが、1897年（明治30）に退職すると、陸・海軍の大学校でロシア語を教え、東京外国語学校の教授に就任する。

しかし、日露問題への関心は消えていなかった。両国の関係が緊迫化した1902年（明治35）、教授を辞任し、徳永商店ハルビン支店顧問として大陸に渡る。さらに北京に移り、京師警務学堂の提調代理（警察学校事務長）となり、1903年に帰国した。

帰国後は、なんと、文壇に復帰。また、日露戦争の勃発により、ロシア語の腕を買われて大阪朝日新聞社の東京出張員となった。ただし四迷の記事は、必要以上にくわしすぎてボツになることが多かったという。

四迷は新聞社に勤めながら小説を発表していく。小説は好評を得たが、四迷は小説家で終わるつもりはなかったようだ。1908年、みずから志願し、朝日新聞社ロシア特派員としてペテルブルクに向かっている。

ロシア特派員の仕事は四迷に合っていたようだ。取材に励み、記事を書いてはマメに日本に送信し、多くの人間と交流を深め、充実した日々を送った。時には秘密の恋を楽しんだとも伝わる。

しかし、そうした日々は長くは続かなかった。

極寒の地での取材が響いたのか、四迷は風邪をこじらせる。ついで肺炎と肺結核を併発したために帰国を決意するも、1909年（明治42）5月10日、船路で帰国する途中、ベンガル湾上で没した。享年45。遺体はシンガポールで荼毘にふされたという。

美人画の売れっ子浮世絵師・喜多川歌麿の哀しすぎる晩年

浮世絵がどんな絵かは知っていても、あらためて「浮世絵とは何か？」と問われると、答えに詰まるかもしれない。

浮世絵とは遊里と芝居町など、いわゆる「浮世」を舞台に、江戸の風俗、とくに遊郭・遊女・役者などを描く風俗画の一つ。江戸時代中期に、その浮世絵を描く絵師のトップに君臨したのが、美人画で有名な喜多川歌麿である。

それまでの美人画は、大勢の女性や女性の全身を描くのが主流だった。しかし、歌麿は「大首絵」と呼ばれる、人物の上半身を大きく、表情を強調する独自の画法で、手紙を読んだり涼んだりする動きのある女性の半身像を描いた。これが大ヒットを飛ばし、一躍売れっ子絵師となったのだ。

歌麿の描く美人画の女性は、江戸の女たちの理想であったために「ほんとに憎いよ、歌麿さん」という言葉が流行した。表情や仕草を通じて、女性のさまざまな心理を鋭く描いた歌麿の「美人大首絵」は、芸術品であると同時に、浮き世ならぬ「憂き世」の憂さを晴らす娯楽作だったという。

だが、彼が売れっ子絵師でいられたのは、わずか5、6年の短い期間だけだった。いったいなぜか。

歌麿が描いた『大閤記』に取材した錦絵――つまり、豊臣秀吉が美女に囲まれて酒を楽しむ絵が、「将軍の生活をバカにしている」との理由で処罰されたからだ。世にいう「筆禍事件」である。

当時は11代将軍家斉のもと、老中の松平定信が「寛政の改革」に取り組んでいた時代。周知のとおり、寛政の改革のスローガンは「倹約と質素」である。そんな時代において、浮世絵はスローガンに反する派手な娯楽の象徴であり世の中を乱すものとして、幕府も目をつけていた。こうした情勢の中、歌麿は見せしめに捕らえられたのだ。

その後、歌麿はどうなったのか。歌麿は牢に入れられ、手鎖50日の刑を受けた。前に組んだ両手に鉄製の手錠をかけられて、筆を執るどころか日常生活もままならぬ日々が、歌麿の健康を大いに損なわせたことは想像にかたくない。

それまでの売れっ子ゆえの過労もたたり、刑から2年後に53歳の若さで亡くなってしまう。「世界のウタマロ」としては、哀しすぎる最期である。

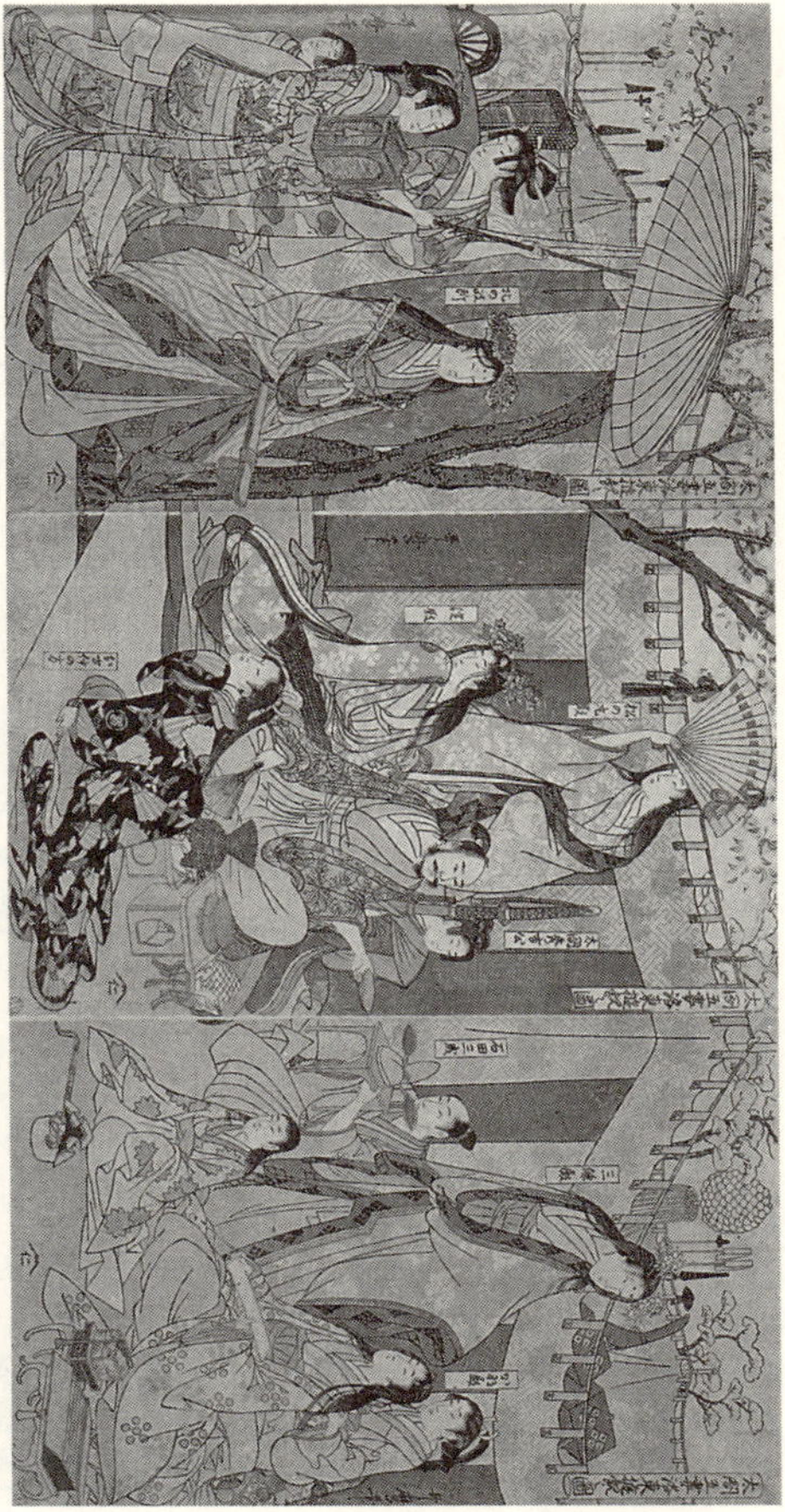

中央で杯を傾ける秀吉のまわりを妻や側室らが囲み、「醍醐の花見」を楽しんでいる。この絵が幕府の怒りを買い、歌麿は手鎖の刑を受けた。（「太閤五妻洛東遊観之図」東京国立博物館所蔵）

晩年の清少納言が切った、実に気の利いた啖呵とは？

清少納言は、『源氏物語』を書いた紫式部と並んで、平安時代を代表する女性作家である。代表作は、いわずと知れた『枕草子』だ。軽妙な筆致で書かれた日本最古の随筆である。

清少納言は『後撰和歌集』の撰者である清原元輔の末娘で、優れた歌人でもあった。清原氏には和歌や漢学に精通した者も多く、知性を磨くうえで恵まれた環境下にあったようだ。

何かと比較されがちな紫式部が、おとなしく内向的な性格だったとされるのに対し、清少納言は明るく社交的な性格だったといわれる。

９９３年（正暦４）、28歳のときに、一条天皇の中宮（皇后とほぼ同格の后）定子に仕える。その後は才気と機知と持ち前の明るさで、才媛が揃う中宮のサロンのスター的存在となった。このときに体験したとされる華やかな宮廷生活は、『枕草子』に克明に描かれている。

だが、いかに才媛で人気者といえども、しょせんは宮仕えの身である。主人の定子が亡くなれば、宮廷に居座るわけにはいかない。よって、1000年（長保2）に定子がこの世を去ると、清少納言も宮廷を去った。清少納言がサロンの華でいられたのは、7年間だけだった。

では、宮廷を去った清少納言はその後どうなったのか。鎌倉初期の説話集『古事談』によると、晩年の清少納言は尼となり、寂れた庵で孤独なひとり暮らしをしていたという。

そんなある日、若い殿上人（昇殿を許された人）が清少納言の家の前を通りかかり、あまりの荒れように「清少納言も落ちぶれたな」とあざ笑った。すると、清少納言は御簾を上げて顔を出し、鬼の形相で、

「駿馬の骨を買はずやありし（駿馬の骨を買わないで行くのかい？）」

と啖呵を切ったという。

この啖呵の元ネタは、中国の故事である。「落ちぶれても駿馬の骨なら買い手がある」という意味だ。

真偽は別としても、才女の清少納言らしい、実にウィットに富んだ啖呵だといえるだろう。

能を大成させた世阿弥。後半生は一転、不幸続きだったって?!

能、または能と狂言を一括して「能楽」と呼ぶ。その源流ははるか奈良時代までさかのぼるといわれる、日本が誇る伝統芸能の一つだ。国の重要無形文化財であり、ユネスコ（国連教育科学文化機関）の無形文化遺産にも登録されている。

能楽は、室町時代から６００年以上も演じられ、今日まで受け継がれてきた。その芸術性を確立したのが、室町前期に活躍した能役者・世阿弥（ぜあみ）である。

それほど能楽に興味がない方でも、世阿弥の名は聞き覚えがあるに違いない。だが、世阿弥がどこの誰で、どのような人生を送ったかは、あまり知られていないはずだ。では、いったい世阿弥とは何者なのか。

世阿弥は、本名を観世三郎元清（かんぜさぶろうもときよ）といい、大変な美男子だったという。父親の観阿弥（かんあみ）も、世阿弥と2代にわたり能を大成させたといわれる能役者で、当時のトップスターであった。

世阿弥の運命が大きく変わったのは、１３７４年（応安（おうあん）7）のことである。世阿弥は、室町幕府三代将軍・足利義満（あしかがよしみつ）の前で、父親とともに『翁（おきな）』を演じた。

世阿弥の美貌と才能は、義満の心を動かした。以後、世阿弥は義満の寵愛を受ける——すなわち、男色の相手となったのである。義満は18歳、世阿弥はわずか12歳であったという。ちなみに、世阿弥は、義満の稚児（ちご）第一号だといわれている。

将軍という最高のパトロンを得た世阿弥は、芸に精進し、能楽を大成させていく。一説によると、現在の能の3分の1近くが、世阿弥の作品だという。将軍の寵愛を受ける世阿弥のご機嫌を取ろうと、諸侯はせっせと彼に贈り物をした。

だが、世阿弥の栄華の日々は、1408年に義満が亡くなると一転する。

まず、将軍家はライバル芸能である田楽（でんがく）を重んじるようになっていく。また、6代将軍足利義教（よしのり）は、世阿弥の甥の音阿弥（おんあみ）を寵愛したため、世阿弥や、その長男の元雅（もとまさ）は事あるごとに弾圧された。そして仙洞御所（せんとうごしょ）での演能も禁止されてしまう。

それでも意欲を失わず、世阿弥は能楽論書を手がけていたが、次男の元能は能を捨て出家し、さらに後継者として期待を寄せていた元雅も急死する。

世阿弥自身も72歳で佐渡に流されているが、その理由は不明である。

その後、刑を許されて「娘婿の金春禅竹（こんぱるぜんちく）のもとに身を寄せた」ともいわれるが定かでなく、墓の場所もわからない。世阿弥の動静がわかる最後の日付は、佐渡で書いた小謡集『金島書（きんとうしょ）』の奥付の「永享（えいきょう）8年（1436）2月」だという。

栄華に満ちた前半生に比べ、不遇な後半生であったが、その逆境がかえって能楽への意欲をかき立てたのかもしれない。

3章

まさかの顛末に仰天！

教科書には載っていない「歴史的事件」のその後

「赤穂事件」でお家断絶したのに、領民は大喜びしていたって?!

赤穂事件とは、1701年(元禄14)3月14日の松之廊下刃傷事件から、翌年の12月14日夜半の赤穂浪士討ち入りまでの一連の出来事を指す。

播磨国(兵庫県)赤穂の藩主・浅野内匠頭長矩が、江戸城の松之廊下で、高家(幕府の儀式典礼を司る江戸幕府の役職)であった吉良上野介義央に斬りつけ、即日切腹を命じられた。これにより浅野家は断絶、一方で軽傷を負った上野介は、何の罪にも問われなかった。

翌年、亡き主君の仇を討とうと、旧赤穂藩士・大石内蔵助良雄以下47人(46人説あり)が、江戸本所(墨田区南西部)松坂町の吉良邸内に乱入、上野介の首級をあげて見事に仇討ちを果たし、切腹して果てた。

この「赤穂事件」は、脚色されて『忠臣蔵』として上演されるや人気を呼ぶ。その後も小説・映画などの題材となり、現代でも冬になると歌舞伎や芝居で演じられることが増えるから、ほとんどの方がご存じだろう。

ちなみに、浅野内匠頭が吉良上野介に斬りかかった理由として、以前は「吉良上野介が賄賂を怠った浅野内匠頭をネチネチといじめたから」といわれていたが、それはフィクションのようだ。

では、なぜ、松之廊下刃傷事件は起きたのか。

最近、有力だとされているものの一つに「塩田説」がある。赤穂はもとより、上野介の領地も塩の産地である。そのため、塩の市場の縄張りを争っていたからとも、上野介が赤穂の製塩技術を盗むために送り込んだスパイが赤穂藩の者に殺害されたため、その仕返しに内匠頭をいじめたともいわれている。

だが、もう一つ有力な説があり、それは内匠頭の「持病説」だという。

一説によると、内匠頭はいわゆるキレやすい性格であったうえに、「痞え」と呼ばれるストレス性の胃痛を抱えていた。胃痛に耐えているときに上野介から指導という名のいじめを受け、爆発したのではないかとみられている。

さて、事件の原因はともかく、赤穂藩では、藩主の浅野内匠頭が切腹してお家断絶となったわけである。赤穂事件後は、赤穂藩の領民も赤穂浪士と同様に、吉良上野介を恨み、復讐を誓ったに違いない——と思いきや、その後の意外な領民の反応が伝わっている。

一説によると、切腹とお家断絶が領内に知れ渡ると、なんと領民たちは餅をつき、赤飯を炊いて喜び合ったという。なぜ、領民は藩主の不幸を喜んだのか。

当時、赤穂藩では赤字解消のための財政再建を行っていた。いつの世も、財政再建には庶民の痛みがつきものだ。赤穂の領民の中には、藩に不満をもっていた者も多かったという。

ただし、これは藩に借金をしていた者が、藩主のお家断絶により借金も踏み倒せると思い、喜んだとする説もある。

徳川綱吉の死後、「生類憐れみの令」はどうなった？

数ある法令の中でも、とりわけ有名で、なおかつ悪名高いのは「生類憐れみの令」だろう。周知のとおり、江戸幕府5代将軍・徳川綱吉が発布した「生き物を大切にせよ」という法令だ。

といっても、「生類憐れみの令」という名の法令は存在しなかった。綱吉の治世（1680～1709年）に下された動物愛護の法や、とった措置の総称にすぎない。

法令では、犬はもちろんのこと、猫、鶏、牛、馬、亀、蛇などの他、魚介類も保護の対象で、生きたまま売ることは禁じられた。そのため、ウナギやドジョウも販売できなくなった。

中でも犬は、綱吉が戌年生まれであったことから、たくさんの保護規定が出された。罰則も厳しく、家臣に噛みついた犬を斬り殺したある藩主が切腹を命じられるケースもあったという。

だが、過剰な愛護はかえって野良犬を増やす結果となった。「ケガでもさせて、処罰されてはかなわない」と飼い犬を捨てる者が（当たり前だが）続出したのだ。そのため江戸は野良犬であふれ、幕府は対策を迫られる。

困った幕府は諸大名に命じて、江戸近郊の中野や四谷などに犬小屋を建てさせ、そこに犬を収容するという対策を打ち出す。だが、小屋の建築費も、エサ代も膨大な金額になった。

一例を挙げると、中野の16万坪の広大な敷地に建てられた犬小屋の総工費は20万両——1両を10万円

とすると２００億円――にも達したと伝わる。中野の犬小屋には8万２００頭もの犬が収容され、エサ代は約１００億円にも達したという。このエサ代は、江戸の庶民の負担だったからたまらない。

それでも野良犬は増え続け、犬小屋にも収容できなくなると、「御犬養育金」を払って、農民たちに預けた。

「天下の悪法」と呼ばれる一方で、この法令のお陰で「命の大切さが広まった」ともされる生類憐れみの令だが、綱吉の死後はどうなったのか。

まず、綱吉が亡くなると、6代将軍家宣は「この令だけは、自分の死後も続けよ」との遺言を建前は守りつつ、人々の迷惑になっている部分は撤廃した。

当然のことながら、犬小屋も廃止された。収容されていた犬たちは追い出され、江戸の庶民たちは、犬を蹴飛ばしたり石を投げたりして長年のストレスを発散させたと伝わる。

なお、「御犬養育金」をもらって犬を飼っていた者たちは、それまでの養育金を返還するように（！）命じられた。中には、この金を返すのに48年もかかった者がいたという。

「元寇」で大敗したモンゴルの将軍たちはやはり全滅していたのか？

鎌倉時代半ばに、日本が2度にわたるモンゴル（元）軍の来襲を受けたことも、2度ともモンゴル軍は「神風」と呼ばれる暴風雨に襲われ、船の大半を失い敗退したことも、今さら説明の必要はないだろう。

ちなみに、われわれは2度のモンゴル軍来襲を「元寇」と呼ぶが、当時は元寇ではなく、「蒙古合戦」、または「異国合戦」と称した。「元寇」という呼び名の定着は、近世以後である。

元寇はその後、鎌倉幕府を崩壊へ導くほどに日本の歴史に大きな影響を与えるのだが、そこは他の本にお任せしよう。ここでは、日本を襲ったモンゴル軍の「その後」に注目したい。

敗戦に追い込まれたモンゴル軍の、将軍および、兵士たちはその後、どうなったのだろうか。荒れ狂う波にのまれ、海の藻屑と消えた……と思うところだが、そうではない。

「弘安の役」と呼ばれる1281年（弘安4）の2回目の蒙古来襲の際に、モンゴル帝国第5代皇帝フビライは、総兵力14万（15万説あり）名、艦船４４００隻という、空前絶後の大遠征軍を日本に送り込んだ。

しかし、周知のとおり、暴風雨で海は荒れ、帆は吹き飛ばされ、碇のロープは大波に引きちぎられてしまう。押し寄せる巨浪に翻弄されたあまたの船は、ぶつかり合って海の奥底へと消えていった。暴風雨の後、残った船は４４００隻中、わずか２００隻にも満たなかったという。

気が遠くなるような被害だが、それでも全員が海の底へ消えたわけではない。

弘安の役の際の14万名のモンゴル軍は、金方慶、忻都、洪茶丘の率いる4万の「東路軍」と、阿塔海、范文虎の率いる10万の江南軍で構成されていた。このうち、金方慶は難を免れた船に乗り、朝鮮半島にたどり着いた。忻都、洪茶丘、范文虎も半島の南端に位置する合浦に帰還した。もちろん、生き残った全員が乗れるほど船は残っていないため、収容できない兵卒は置き去りにされた。

しぶとく生き残った将軍たちと違い、置き去りにされた兵たちは悲惨であった。暴風雨が収まると、日本軍に攻められたのだ。モンゴルの敗残兵たちは、差し違えたり、海に落ちる際には日本の鎧武者を道連れにしたりと、死に物狂いで抵抗するも、ことごとく殺害されてしまったのだ。

弘安の役において、無事に帰還できたモンゴル軍の兵は、わずか1～2割だったという。

「生麦事件」後、幕府は薩摩藩の賠償金を〝立て替え払い〟していた！

生麦事件とは、幕末、薩摩藩士がイギリス人を殺傷した事件である。
1862年（文久2）8月21日、武蔵国生麦村（横浜市鶴見区）で薩摩藩の島津久光の行列を、4人のイギリス人が騎馬で横切った。それを無礼と見た久光の家臣数名は、彼らに斬りかかった。結果、4人のうち1人が絶命、2人が重傷を負う。これが「生麦事件」である。この事件は殺傷事件にとどまらず、戦争へと発展していく。

事件の勃発にイギリス側は激怒した。イギリス政府は幕府に対して正式謝罪状の提出と、賠償金として10万ポンドの支払いを、薩摩藩に対しては2万5000ポンドの支払いと、犯人の逮捕および、処刑を要求する。

翌年の5月、幕府はイギリス政府の要求に応じたが、薩摩藩はこれを拒否する。
生麦事件は、幕府の攘夷命令（外国人を国内に入れないように討ち払うこと）による

生麦事件を想像して描かれた明治の絵（早川松山作「生麦之発殺」）

もので、「薩摩藩に否はない。責任は幕府にある」と開き直ったのだ。

そこで、イギリスは7隻の軍監を鹿児島湾に派遣し、犯人の処刑と賠償金の支払いを求めた。しかし、交渉が決裂したため、イギリス側は実力行使に踏み切る。7月2日、イギリス艦隊は天祐丸（てんゆうまる）など、薩摩藩の3隻の汽船を拿捕（だほ）した。

こうなると、薩摩藩も黙っていない。薩摩藩は陸上砲台80門を使って、イギリス艦隊に向かい砲撃を開始する。世にいう「薩英戦争」が始まった。

折しも台風が接近中だったが、暴風雨の中での砲撃戦は2日間続いた。

砲撃戦はイギリスが優勢だった。薩摩側が射程距離が900メートルの先込め

の旧式砲であるのに対し、イギリス鑑の大砲の射程距離は２０００メートルを超えていたからだ。アームストロング砲にいたっては、薩摩藩の旧式砲の４倍の射程距離を誇ったという。

２日間の砲撃戦により薩摩の砲台はほとんどが撃破され、鋳銭所や、鹿児島市内の一部も焼失してしまう。

とはいえ、イギリス側も無傷ではない。旗艦ユーリアラス号は集中砲火を浴び、その他の艦もすべて損傷を受けた。さらに食料・弾薬・石炭が欠乏し、船体の修理も必要になったため、イギリス艦隊は撤退を余儀なくされる。イギリス艦隊は鹿児島湾内から退去し、横浜に帰った。

薩英戦争の死傷者は、イギリス側が戦死者13名、負傷者50名に及び、旗艦の艦長と副艦長も戦死した。だが、薩藩側は戦死者５名、負傷者10数名にすぎなかったと伝わる。

では、その後、薩摩藩とイギリスはどうなったのか。

薩摩側はこの戦争で西洋文明の威力を痛感し、攘夷が実現不可能であることを学んだ。薩摩藩はイギリスと和平交渉をし、賠償金2万5000ポンドを幕府の立替え払いで支払い、生麦事件の犯人の処罰を約束した。

一方で、イギリス側も薩摩藩の強さを認めた。イギリスはそれまでの幕府支持の方針を見直し、薩摩藩との繋(つな)がりを深めていく。このイギリスは薩摩を中心とする倒幕勢力をバックアップすることになるのだ。

なお、薩摩は立て替えてもらった賠償金を、幕府に返すことはなかったという。

「大化の改新」後も、あまり改新はされなかったって本当？

「大化の改新」という言葉は知っていても、「誰が何を、どう改新したのか」と聞かれると、説明に困るのではないだろうか。

そもそも、大化の改新とは何か。大化の改新とは、中大兄皇子(なかのおおえ)（のちの天智天皇(てんじ)）・中臣鎌足(なかとみのかまたり)（のちの藤原鎌足）らが、645年（大化元）6月、「乙巳の変(いっし)」と呼ばれるクーデターによって、朝廷の権力を握っていた蘇我氏(そが)を倒して始めた改革事業である。ちなみに、このクーデターによって蘇我入鹿(いるか)は暗殺され、入鹿の父親の蝦夷(えみし)

も自害し、蘇我氏の宗家は滅亡した。

クーデター後、中大兄皇子は自身の叔父にあたる孝徳天皇を即位させ、みずからは皇太子（当時はこの名称はない）として実権を握っていく。また、元号として「大化」を定めた。

翌年の元旦には、4か条からなる政府の基本方針「大化改新の詔」が発布された。以下は、その概要である。

第1条　大王家や豪族の土地や人民の所有を禁止し、国のものとする（公地公民制）。

第2条　中央集権的な行政組織と、交通・軍事制度の整備。

第3条　戸籍、計帳（人頭税のための帳簿）、班田収授法（民に一定額の田地を班ち授け、収穫した稲を徴収することを定めた法）の実施。

第4条　新しい税制の導入。

以上の大化の改新によって、従来の制度が一新され、日本に中央集権国家が成立した――と、考えられていたが、実はそうでもないらしい。

では、大化改新後、何が改新されたのか。

大化元年を境に、何らかの改革があったとする説が有力だ。しかし、だからといって、当時の段階で、画期的な改革や律令制度が成立したかといえば、学者の多くは否定している。

そもそも「改新の詔」は、即座に実践可能なものはほとんどない。当時の感覚では、いわば、国家プランを示した「未来設計図」のようなものだったという。

しかもその条文も、701年に出された「大宝律令」とよく似ている。さらには、当時にはなかった言葉が記されているため、後世に手が加えられたことが明らかになっている。「大化の改新はなかった」とする説もあるくらいだ。

ともあれ、改新後に一気に政治が改革されたのではない。実際に運用されたのはもっと先のことであり、ここから緩やかに始められたという説が有力だ。

「室町幕府滅亡」後、最後の将軍・義昭は意外な転身をとげていた！

室町幕府は、一般的には1573年（天正元）の織田信長による15代将軍・足利義昭の京都追放をもって、滅亡したとされる。

確かに幕府としての機能を失ったのだから、間違いではない。だが、厳密にいうと〝微妙〟である。

なぜなら、足利義昭は京都を追放されても、将軍であり続けたからだ。義昭が将軍の座を返上し、室町幕府が名実共に滅亡するのは、京都追放から15年後のことである。

では、京都を追放されたのち、義昭はどこで何をしていたのか。コソコソと逃げ回っていたのだろうか。それとも、静かに余生を送っていたのだろうか。

どちらも違う。義昭は、コソコソ逃げ回ることも、静かにもしていなかった。

京都を追放された義昭は、「打倒、信長」を命じる書状をあちらこちらに送りつけつつ、妹婿である河内（かわち）の三好義継（みよしよしつぐ）の若江城や、和泉（いずみ）の堺（さかい）などを転々とした。

最終的には毛利家を頼り、備後の鞆（とも）の浦（広島県福山市）に、なんと、「鞆幕府」と呼ばれる亡命政権を樹立したのだ。この地でも義昭は、あちらこちらに打倒信長を呼びかけ続けた。

やがて、本能寺の変が起き、宿敵・信長が討たれる。そのときの信長討伐の大義名分に、義昭の名が使われていたという。日頃から打倒信長を掲げていたため、本能寺の変の黒幕は義昭だったとする説もある。

その後、秀吉が信長の後継者となると、義昭は京都に戻ることを許された。このとき秀吉からは、山城国槇島（まきしま）（宇治市）に1万石の所領を認められている。

秀吉は関白になり、天下をほぼ手中に収めていたため、さすがの義昭も室町幕府の復興を諦めたのだろう。1588年（天正16）、義昭は将軍の座を降り、出家した。法名は「昌山」という。かくして室町幕府は、京都追放から15年の月日を経て、名実ともに終焉したわけだ。

では、室町幕府の滅亡後、義昭はどうなったのか。

まず、朝鮮に侵攻した「文禄の役」では秀吉の要請によって、本営のある名護屋城（佐賀県）に約3500名の兵を率いて参陣している。征夷大将軍らしい仕事はこれが最後で、その後は大坂城下に移り住み、「御伽衆」として、晩年は秀吉のよき話し相手として過ごした。

1597年（慶長2）、義昭は背中の腫瘍が原因で死亡する。享年61。けっして楽な人生ではなかったはずだが、歴代の足利将軍の中では、最も長生きだったといわれる。

「南北朝の合一」後も、南朝と北朝は分裂を繰り返していたって?!

鎌倉幕府滅亡後、後醍醐天皇と足利尊氏が対立。1336年（建武3・延元元）、

尊氏が京都に光明天皇を擁立したため、後醍醐天皇は奈良の吉野に逃れた。以後、朝廷は京都の「北朝」と、吉野の「南朝」に分かれ、互いに争うことになる。

だが、室町幕府3代将軍・足利義満が南朝の後亀山天皇に交渉し、1392年（明徳3・元中9）に南北朝は合一され、内乱は終結した——つまり、南北朝の動乱は1392年に解決したと習った記憶はないだろうか。

ところが、実は動乱は収束しておらず、その後も続いているのだ。では、南北朝の合一後、南朝と北朝はどうなったのか。

南北朝の合一は、南朝の後亀山天皇が北朝の後小松天皇に譲位し、以後は「両統迭立」——すなわち、「南朝と北朝が交互に天皇を立てる」という条件のもとに成立した。つまり、北朝の後小松天皇の次は、南朝の後亀山の皇子・実仁親王が天皇になるという約束だったのだ。

しかし、北朝も室町幕府も約束を守らなかった。いつまで待っても実仁は皇太子にも任命されず、十数年後、約束を果たさぬまま義満が亡くなってしまった。

後亀山法皇は4代将軍の座に就いた足利義持に交渉したようだが、決裂したらしい。後亀山法皇は京都を出奔、吉野へ行った。こうして、合体したはずの南北朝は2度目の分裂をしているのだ。

後嵯峨天皇からの系図

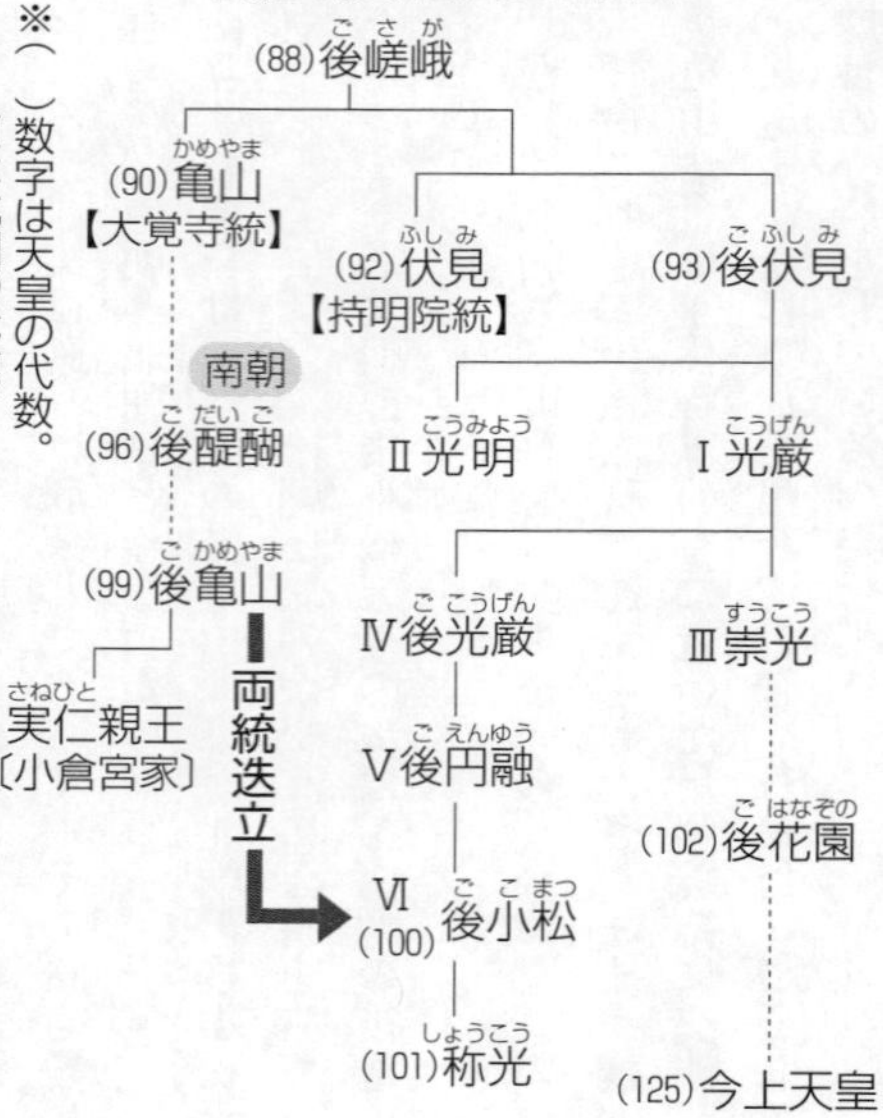

※（　）数字は天皇の代数。Ⅰ〜Ⅵは北朝の代数。

その2年後に、後小松天皇の皇子（のちの称光天皇）が即位し、両統迭立の約束は完全に反故にされてしまう。これにより、後亀山法皇や南朝の遺臣らが兵を進める事態となった。

事態を収束させるため、4代将軍・足利義持は両統迭立を約束したようだ。だが、約束が果たされ、息子が天皇になる前に、今度は後亀山法皇が亡くなってしまう。

その後も両統迭立が実行されることはなかった。「2度あることは3度ある」とはよくいったもので、6代将軍・足利義教は約束を破り、北朝の後花園天皇を即位させる。

後亀山の皇子・実仁親王は、度重なる約束違反に怒り心頭に発し、京都を飛び出し、挙兵する。これが3度目の分裂となるが、その後も南朝と北朝の争いは続いた。

明治時代になると、明治政府は南朝を正統と認定。現在は、南朝の諸天皇が歴代数に算入され、北朝は後小松を除き、歴代数に数えられていない。

「桜田門外の変」に加わった浪士のうち、明治まで生き延びたのは何人？

1860年（安政7）3月3日、江戸城へ向かう大老・井伊直弼が水戸浪士17名、薩摩藩士1名の計18名の尊攘派志士によって襲撃され、落命した。世にいう「桜田門外の変」である。直弼の首をとったのは薩摩藩士・有村次左衛門だった。

現場に降り積もった真っ白な雪は、男たちの血で真っ赤に染まった。約60人いた井伊家側からは、4人の死者と14人の負傷者が出たという。

もちろん、浪士側も無傷ではいられない。水戸浪士の稲田重蔵は、二刀流の遣い手である井伊家の家士・河西忠左衛門の2本の太刀を浴びて討ち死にしている。

襲撃時における死者は重蔵だけだったが、その他の浪士にも深手を負った者が多かった。

では、生き残った手負いの浪士たちは、その後どうなったのだろうか。

浪士たちは事前に、生き残った重傷者は老中の屋敷に自訴（自首）し、軽傷者は薩摩藩の同志と合流するために京都へ向かうと決めていた。よって、生き残った17名は、それぞれ現場を後にする。

だが、目的地にたどり着く前に、傷が原因で死亡したり、あるいは重傷のため動けなくなって自害したりした者が7名もいた。直弼の首をとった薩摩藩士の有村次左衛門も、逃走中に追っ手に背後から斬られて自決した。

自訴した浪士たちも、ケガがもとで亡くなったり、処刑されたりと全員が命を落とした。

襲撃現場から単身逃げ延びた広木松之助は、逃避行を続けていたが、同志の自害や斬首を知ると、事件から2年後に切腹して果てている。

こうして18名中16名が何らかの形で落命し、最終的に、8年後の明治維新まで追っ手を振り切り生き延びたのは、海後嵯磯之介と増子金八の2人だけであった。

海後嵯磯之介は、維新前に水戸天狗党の挙兵に参加、維新後には警察官になったのち、神主に落ち着く。また『春雪偉談』などの「桜田門外の変」の事件回顧録を記した。

増子金八は各地を転々としたあげく、郷里の石塚村に隠れた。事変については何も語らず、同志の冥福を祈りながら読書と狩猟の余生を過ごしたと伝わる。

「大政奉還」後、江戸幕府最後の将軍はどうなった？

「大政」とは「天下の政治」を指す。したがって「大政奉還」とは、政権を天皇に返上することだ。これが行われたのが、１８６７年（慶応3）、10月14日。江戸幕府の第15代将軍徳川慶喜が、政権を朝廷（明治天皇）に返上することを申し入れ、翌15日、朝廷が許可した、幕末期の政治的大事件である。

これによって、家康が江戸幕府を開いてから２６４年も続いた徳川の政権は終わった。同時に、鎌倉幕府以来、約７００年の長きにおいて続いてきた武家政治も、終わりを告げたのだ。

では、江戸幕府最後の将軍となった徳川慶喜は、その後どうなったのか。権力の座を追われた者として、みじめな人生を送ったのだろうか。

慶喜は「戊辰戦争」を経て、大政奉還の翌年に江戸城を明け渡した。有名な「江戸無血開城」である。

開城後は故郷の水戸で謹慎（きんしん）し、新政府の命によって徳川宗家の家督を田安（たやす）徳川家（徳川御三卿の一つ。8代将軍・徳川吉宗の次男・宗武（むねたけ）が祖）の家達（いえさと）に譲り、駿府（すんぷ）（静岡県）に移住する。その後、慶喜は、政治の表舞台に立つことはなかった。

代わりに、写真、謡曲、油絵、工芸、和歌、書、能などの芸術的な趣味から、乗馬、狩猟、釣り、サイクリングなどスポーツ的な趣味まで多方面にわたって楽しむ趣味人として、悠々自適な生活を送った。なお、慶喜は、日本で3番目の自転車購入者だといわれている。

慶喜がとくに熱中した趣味は、写真だった。当時は極めて珍しかったカメラを手にあちこち出かけては、農作業や港の風景などを撮りまくっていたという。

女性関係も華やかだった。常に何人かの側室をもち、生涯に男10人、女11人もの子を設けた。計21人という驚くべき子だくさんだが、慶喜の父親の水戸藩主・徳川斉昭（なりあき）は、なんと37人の子を成しているというから、慶喜にとっては大した数ではなかったのかもしれない。

慶喜は、１８６９年（明治2）に謹慎を解かれ、１８９７年に東京に引っ越した。東京に戻っても、将軍時代の家臣にはほとんど会わなかったし、明治政府について口にすることもなかったという。気楽な生活を思いっきりエンジョイしているかのように見える慶喜だが、それなりに気を使っていたのだろう。

そんな慶喜を明治政府は高く評価した。慶喜は天皇への拝謁も許され、公爵の位も授けられた。

慶喜は明治時代を謳歌し、１９１３年（大正２）に亡くなった。政権を明け渡した明治天皇よりも長生きしたことになる（明治天皇は１９１２年に没）。晩年はパンとミルクを好み、最期まで多彩な趣味を満喫していたという。

徳川慶喜

自刃した「白虎隊」の中で、ただ1人生き残った少年のその後

白虎隊とは、幕末の会津藩の少年正規軍である。維新政府軍と旧幕府派との間で行われた戊辰戦争（１８６８〜６９年）期に編成された。

隊員総数は３２０人前後。16〜17歳の少年で結成され、身分によって上級藩士の「士中白虎隊」、中級藩士の「寄合白虎隊」、下級藩士の「足軽白虎隊」に分かれていた。

ちなみに、隊名は中国の兵法書『孫子』に登場する東西南北の軍神のうち、西の軍神「白虎」からとったものだ。18〜35歳で結成された朱雀（南の軍神）隊、36〜49歳からなる青龍（東の軍神）隊、50歳以上の玄武（北の軍神）隊と、他の3軍神から名づけた隊も存在した。

とはいっても、主力は朱雀隊、青龍隊で、玄武隊、白虎隊はいわば予備軍だった。しかし、新政府軍が会津領内に侵攻してきたため、白虎隊も参戦せざるをえなくなる。その後の、戊辰戦争の最大の悲劇ともいわれる、白虎隊による飯盛山での集団自刃は、ご存じのとおりだ。

ただし、飯盛山で自決したのは白虎隊の全員ではない。士中白虎隊の二番中隊に属した20人である。

少年たちは切腹、もしくは互いに刺し違えるなどして、若い命を散らしていく。飯盛山腹は少年たちの鮮血で紅く染まったという。

このとき、15歳なのに16歳と偽って入隊した飯沼貞吉も、脇差しで喉を突いた。ところが、この貞吉だけは一命を取り留める。武具役人・印出新蔵の妻がわが子を探しにきた際に発見し、まだ息があったため助け出されたのだ。

では、九死に一生を得た飯沼貞吉は、その後、どうなったのか。

「死に損ないの恥さらし」などの心ない罵声を浴びることもあったと伝わる。だが、貞吉は維新後に名を「貞雄」と改め、電信技術を身につけると、現在の総務省にあたる工部省（のちの逓信省）に任官し、還暦で退官するまで電線技師の仕事に心血を注いでいく。

背が高く彫りの深い顔立ちをしていた貞吉は、仕事関係の西洋人と並んでいると、共に外国人に見られたという。スーツ姿がよく映えたが、自害の際の喉の傷を隠すために、常に襟の高い服を着ていたといわれている。

充実した後半生を送っているかのようだが、白虎隊のことを忘れたことはなかったようだ。

１８９４年（明治27）の日清戦争の際に、李氏朝鮮（いまの韓国）の釜山―京城間の架線工事を担当した貞吉は「危険だからピストルを持つように」とすすめられた。だが、「私は白虎隊で死んでいるはずの人間です」と笑って拒否したという。

貞吉は昭和6年、78歳で死去する。当初は仙台に葬られていたが、昭和32年、戊辰の役90年祭にあたり、自害した19人の白虎隊が眠る飯盛山に墓が建てられた。

他の19人の隊士とは少し離れた場所ではあったが、ようやく仲間のもとに帰ってこられたのだ。

「仇討ち禁止令」後に親の敵を討った男へ下された判決とは?

現代日本で「ここで会ったが百年目!」とばかりに「仇討ち」を実行すれば、いかなる理由があろうとも犯罪である。ところが江戸時代には、武士階級で慣習として公認され、いわゆる「武士の誉れ」という観念から盛んに行われていた。

とはいっても、いつでもどこでも、殺された相手が誰であろうとも、仇討ちOK——というわけではなかった。殺人罪に問われないためには、藩に仇討ちの願い届けを出し、許可の書き付けを得なければならなかったのだ。

殺された相手と自分との関係も重要だった。

基本的には、主君や親、兄など目上の人が殺された場合、あるいは、妻を寝取られた場合などに許可される。部下や、自分の子供など目下の者の仇を討つようなケースは行わないのが、一般的だったようだ。

このように、条件付きとはいえ許されていた仇討ちが全面的に禁止されたのは、1873年(明治6)のこと。司法卿の江藤新平が交付した「復讐禁止令」(仇討ち禁止令)が発布され、文字通り仇討ちは禁止されたのだ。

しかし、この仇討ち禁止令後に、仇討ち事件を起こした者がいた。臼井六郎という男である。
六郎の父・臼井亘理は、筑前秋月藩の執政だった。だが、1868年（慶応4）に、秋月藩の兵制改革を巡る争いを発端に、亘理とは異なる意見をもつ山本克己と今村百八郎によって、妻とともに惨殺されてしまう。

この事件は、亘理にも問題行為があったと判断され、犯人は罪に問われなかった。当時、六郎は10歳前後の少年だったが、復讐を誓い、親の敵を追い続ける。そしてついに、山本克己が一瀬直久と名を変えて裁判所で働いていることを突き止める。

1880年12月17日、六郎は東京の黒田邸で、山本克己こと一瀬直久の胸と喉を短刀で突き刺して殺害した。両親の仇を討ったのだ。本懐をとげた六郎は、返り血を浴びたまま人力車を雇い、警察に出頭

する。取り調べにおいて、六郎は仇討ち禁止令の公布を「知らなかった」と答えたという。

では、六郎には、どんな判決が下されたのだろうか。

仇討ち禁止令後、初めて起きた仇討ちということで世間の注目が集まる中、六郎に下された判決は「終身刑」だった。

その後は9年の囚人生活を送るも、大赦（たいしゃ）により自由の身となる。出獄後は饅頭屋を営んだとも、宇佐（うさ）（大分県）で運送業を生業（なりわい）にしたともいわれている。

4章 知る人ぞ知る「名脇役」の数奇なその後

〝主人公〟より波瀾万丈?!

坂本龍馬の妻・お龍は龍馬の死後、どんな人生をたどったか？

坂本龍馬の妻「お龍」は、本名を楢崎龍（ならさきりょう）という。

京都生まれで、父親は勤王派の町医者だった。家事が苦手で性格は男勝り、しかし、たいへんな美人だったと伝わる。龍馬と出会ったのは、1864年（元治（げんじ）元）頃で、龍馬のほうが惚れ込んだようだ。

父親が「安政（あんせい）の大獄（たいごく）」（尊王攘夷（そんのうじょうい）運動派に対し、大老井伊直弼（いいなおすけ）が行った弾圧）がもとで病死すると、お龍は龍馬のコネで寺田屋という船宿の養女となる。

1866年（慶応2）、その寺田屋に宿泊中、龍馬は幕府の役人に踏み込まれ、大怪我をした。俗にいう「寺田屋事件」である。

お龍は、龍馬を献身的に介護した。これがきっかけで2人は結婚し、お龍と龍馬は、龍馬のケガを癒（い）やすために薩摩に旅行する。これが、日本初のハネムーンだといわれている。ちなみに、結婚の媒酌人は薩摩の西郷隆盛が務めた。

だが、結婚生活は、わずか2年足らずで終わりを告げることになる。翌年、龍馬が京都で暗殺されたからだ。

最愛の夫を失ったお龍は、その後、どんな人生を歩んだのか。

龍馬は人望が厚い男だった。その妻なのだから、龍馬の家族や部下たちが支えてくれ、幸せに暮らした——とはならなかった。

お龍は美人であったが、当時の常識からすると〝家事もできない無知な女〟だった。おまけに奔放(ほんぽう)で気が強い。身を寄せた土佐の坂本家では嫌われ、とくに龍馬の姉の乙女(おとめ)とは相性が悪かったという。お龍はたった3か月で、追い出されるようにして坂本家を去る。

その後は親戚の千屋家や古巣の寺田屋などを転々とした末に、東京に身を落ち着かせた。東京では西郷隆盛を頼り、金20円を用立ててもらったようだ。

晩年の「お龍」こと楢崎龍

やがて、神奈川の料亭で働き始め、そこで出会った西村松兵衛という行商人と再婚する。松兵衛は優しく穏やかな性格だった。経済的に豊かではなかったが、お龍の好きな酒をよく買ってきたと伝わる。
だが、お龍にとって龍馬の存在は大きすぎた。お龍は大酒飲みになってしまい、松兵衛に「わたしは龍馬の妻だった」と威張り散らしたという。

晩年は松兵衛とも別居し、退役軍人の工藤外太郎に保護された。人に会えば、龍馬との思い出話を延々と語り続けたという。

大酒がたたってか、お龍は66歳のときに脳溢血で亡くなった。その後、寄付によって横須賀市の信楽寺に墓が建てられ、その墓碑には「贈正四位阪本龍馬之妻龍子之墓」と刻まれている。

信長に仕えた黒人は「本能寺の変」の後、どうした？

織田信長のお気に入りの従者だった「弥助」という男をご存じだろうか。

弥助の名でピンとこなくとも、「信長は初めて黒人を見た際に、肌の色が黒いというのが信じられなかった。そこで黒人の上半身を裸にさせ、ゴシゴシと洗わせた。だが、肌の色は落ちるどころか、いっそう黒くなったため、ようやく納得した」という逸話は聞き覚えがあるのではないか。

そう、弥助とは、その逸話で体を洗われた黒人男性だ。名づけたのは信長自身だという。

弥助は『信長公記』に、年齢は26~27歳ほどに見え、黒き牛の如き体をしていること、さらに「強力十の人に勝ちたり」と記されている。若く、大柄でがっちりした体の持ち主だったようだ。片言の日本語と、何がしかの芸当ができたという。

では、弥助はなぜ戦国時代の日本にいて、どのように信長と出会ったのか。

弥助は、もともとは、イエズス会から派遣されたバリニャーノ巡察師が、航海中にアフリカから伴った者であったとみられている。

もちろん戦国時代の日本において、黒人は非常に珍しい存在だ。九州に上陸した後に、堺を経て入った京都では、黒人をひと目見ようと大勢の人々が教会に押し寄せ、大騒ぎとなった。教会の門は破られ、興奮した民衆が投げた石で怪我をする者や、恐ろしいことに死者まで出る始末であった。

新しいもの、珍しいもの好きで知られる信長が、こんな騒ぎを見逃すはずはない。信長は黒人（弥助）に会いたがり、1581年（天正9）2月23日、イエズス会のオルガンチーノ宣教師が、信長の滞在先である本能寺に連れていった。先述の逸話は、このときのものである。

信長は、力が強く、片言の日本語と芸当のできる黒人の大男をたいそう気に入り、「弥助」と名づけて戦にも同行させた。弥助は信長に常に付き従い、あの「本能寺の変」の当日も、信長と共に本能寺に宿泊していた。一説によると、信長の自害後、二条御所へ駆けつけ、異変を知らせたのは弥助だという。

ではその後、弥助はどうなったのか。

弥助は、信長の嫡男信忠が立て籠もった二条御所で、明智軍を相手に奮戦したようだ。だが、「明智の家臣が彼に近づいて、恐るることなくその刀を差し出せと言ったのでこれを渡した」という（『イエズス会日本年報』）。

明智光秀は家臣に弥助の処分を尋ねられると、「日本人でない故にこれを殺さず、パードレの聖堂へ置け」と命じたと伝わる（前掲書）。光秀も、異国の地で奮戦する黒人の大男には寛大だったようだ。

義経と別れた後、静御前とお腹の子はどうなった？

数多くいたとされる源義経の愛人の中で、最も有名なのは静御前だろう。

静御前は京の出身で、白拍子と呼ばれる歌舞の名手であった。ちなみに、静御前の母親・磯禅師は白拍子の創設者とされている。父親と生年はわかっていない。

静御前は義経が兄の頼朝と不和になり、京を離れることになると逃避行に同行する。だが、頼朝の追っ手が迫ったため、泣く泣く雪の吉野山で別れた。

義経と別れた静御前は、厳しい風雪に耐えつつ山中をさまよっているところを追っ手に捕らえられる。その後、鎌倉に送られて頼朝の前に引き出された。

当然のことながら、義経の行方についての尋問を受ける。だが、どれほど厳しく問い詰められても、静御前は「知らない」と繰り返すだけだった。おそらく、本当に知らなかったのだろう。

頼朝は静御前の命は奪わなかったが、釈放もしなかった。このとき静御前が、義経の子を身ごもっていたからだ。頼朝は「女児なら助ける。男児なら殺す」と言い渡している。

そうした状況の中で行われたのが、有名な鶴岡八幡社頭での、静御前の舞である。敵とはいえ、頼朝と、その正室の政子の強い要請を断りきれなかったのだ。

白拍子を歌うことを「かぞえる」という。そのとき静御前がかぞえ、舞ったのは、義経への愛の歌であった。

吉野山　峰の白雪踏み分けて　入りにし人の跡ぞ恋しき
しづやしづ　賤（しず）の緒環（おだまき）繰り返し　昔を今になすよしもがな

歌にも舞にも、義経への強い愛にも、居合わせた一同が感動した。だが、義経は頼朝にとっては敵であり反逆者である。頼朝は激怒し厳罰を下そうとしたが、正室の政子が「貞女」と褒(ほ)めて、事なきを得たという。命拾いした静御前は、その後、義経の子を出産する。しかし、男児であったため、取り上げられ、由比ヶ浜(ゆいがはま)に沈められた。静御前はその2か月後に放免されている。

では、その後、静御前はどこで、どのような人生を送ったのか。

実は、その後の消息は諸説入り乱れ、断言はできない。たとえば、『義経記(ぎけいき)』や『吾妻鏡(あずまかがみ)』では、故郷の京都に帰って出家し、20歳の若さで亡くなったとされている。また『異本義経記』の記述では、嵯峨(さが)で尼になったという。義経のいる奥州へと向かったとする説もある。

さらに、静御前の墓となると、京都をはじめ、奈良、兵庫、徳島、新潟、埼玉、宮城など全国各地にある。とても足取りを特定できない。

各地に伝説が残るのは、静御前の悲劇的な人生に心を揺さぶられた人々の願望だとみるのが一般的だ。だが、「義経を探して全国を旅したからではないか」との、ロマンチックな仮説もある。

南極で生き残っていたタロとジロの、その後の〝犬生〟は？

1958年（昭和33）、南極観測第1次越冬隊が、南極の昭和基地に15頭のカラフト犬を置き去りにした。いくら粗食と寒さに強いカラフト犬といえども、氷点下40℃にもなる極寒の地で生き延びるのは難しい。生存は絶望視されていた。ところが翌年、基地の様子を見に行ったヘリコプターの乗員が、2頭のカラフト犬が生き残っているのを発見する。それが、タロとジロの兄弟犬であった。吉報は、第3次南極観測隊を乗せた南極観測船「宗谷（そうや）」に報告され、すぐに日本にも伝えられた。

タロとジロの奇跡の生還に、日本中が沸いた。当時、開業したばかりだった東京タワーで「樺太犬記念像」が設置されたり、『タロー・ジローのカラフト犬』という歌が発売されたりもした。

——という一連のタロとジロの話は、『南極物語』（1982年）という映画にもなったくらいだから、なんらかの形で見聞きした覚えがあるだろう。だが、2頭の兄弟犬のその後は、あまり知られていない。

では、奇跡の生還後のタロとジロは、どんな〝犬生〟を送ったのか。同じ日に生まれた兄弟ではあるが、生還後はくっきりと明暗を分けていた。

まず、タロもジロも、そのまま第3次越冬隊と共に、再び任務に就いた。しかし、ジロは生還の翌年に病死する。心臓が弱っていたためとみられている。

一方で、タロはジロの死の翌年に帰国がかなった。その後は北海道大学植物園に引き取られ、1970年に死ぬまで生きながらえた。14歳7か月だったというから、人間の年齢に換算すると約90歳。まさに大往生だった。

犬とはいえ、これだけ有名なのだから立派な墓があってもおかしくないが、墓は建

北海道・稚内市の青少年科学館で展示された「タロ」「ジロ」の剝製（時事）

てられていない。２頭とも剝製にされたからだ。

タロは北海道大学植物園に、ジロは東京上野の国立科学博物館にそれぞれ所蔵され、今も南極観測犬の偉業と功績を後世に伝え続けている。

関ケ原の戦い後、潰された西軍大名の中に復活できた者がいたって?!

天下分け目の大合戦「関ケ原の戦い」。島津家など例外はあるものの、西軍に味方した大名は基本的には領地を没収――すなわち、「改易」になった。

家康は西軍大名88人の領地を取り上げて（改易）、さらに上杉景勝、佐竹義宣、毛利輝元、吉川広家、毛利秀元ら５人の石高を大幅に減封した。五家の減封の合計は、２３２万石にも及ぶという。

ようするに、多くの大名が領地も城も失い、大名の座から滑り落ち、牢人（浪人）に転落したというわけだ。かなり悲惨な状況である。

しかし、そんな逆境から這い上がり、大名に返り咲いた男たちが、ごく少数ながら存在する。その中に、10万石を超える大名にまで復帰した２人の武将がいる。

まず、西軍大名の奇跡の復活といえば、やはり不敗の名将・立花宗茂だろう。

福岡県の柳川で13万石余の大名であった宗茂は、関ケ原の戦いで西軍に属して、改易された。だが、宗茂は腐ることなく武芸や文芸、遊芸を学び、自分を磨きつつ仕官活動に励んだ。その甲斐あって、2代将軍・徳川秀忠（ひでただ）の直臣として、5000石で召し抱えられる。

その後も実直に勤め上げ、20年の月日をかけて旧領に復活がかなったのだ。改易になった大名の中で、旧領に返り咲いたのは宗茂ただ1人である。

宗茂は秀吉が「その忠義鎮西一、その剛勇また鎮西一」と称えたほど、武勇と実直な人柄で知られる名将だった。牢人中も旧臣たちは仕送りをするなど、宗茂を支え続けたという。実力に加え、人柄も奇跡の復活の大きな要因になったのだ。

関ケ原復活組で、もう1人忘れてはならないのは丹羽長重（にわながしげ）である。

長重は、織田信長の重臣だった丹羽長秀（ながひで）の長男だ。関ケ原の戦い当時は、12万5000石の小松城（石川県小松市）の城主だった。

ところが、関ケ原の戦い中は隣国の前田利長（としなが）（前田利家の長男）と争っていたため、関ケ原での本戦には参陣できなかった。そのため全所領を没収されて、芝高輪（しばたかなわ）（港区）に蟄居（ちっきょ）する牢人の身となってしまう。

しかし、かねてから懇意（こんい）だった徳川秀忠の引き立てで、常陸古渡（ひたちふっと）（茨城県稲敷市）

に1万石を与えられる。以後、「大坂の陣」での活躍もあって転封ごとに加増され、1627年（寛永4）には陸奥白河（福島県白河市）に約10万石を得ている。

長重が10万石の大名として復活できた理由の一つは、丹羽家の優れた築城術にあるとされる。長重の父・長秀は、信長の安土城普請の総奉行だったし、長重自身が築城した白河城も東北三名城の一つに数えられるほどの築城名人だった。

こうした技術が失われるのを徳川幕府も惜しんだようだ。また宗茂同様に、実直な人柄だったといわれている。

壇ノ浦の合戦で負けた平家の女官たちは、その後どうなった？

1185年（元暦2）3月24日、栄華を極めた平家の一門が、壇ノ浦で源氏に完膚なきまでに大敗し、その多くが海の藻屑と消えていった。おごれる者は久しからず——あまりにも劇的かつ儚い平氏の滅亡である。

ただし、戦場から逃げおおせた一門・眷属も少なからず存在した。壇ノ浦の合戦は海上で行われたため、包囲して殲滅するわけにはいかなかったからだ。

平家の落人たちは陸路をたどり、船を漕ぎ、あるいは潮に流されて、山陰地方、四国、九州、五島列島、奄美大島、あるいは新潟や栃木の山奥へと、文字どおり散り散りとなって落ち延び、素性を隠し、名を変えて生きていった。現在も全国各地に平家の落人伝説は数多く残っている。

では、平氏に仕えていた女官たちは、壇ノ浦での敗戦後、どうなったのだろうか。

源氏による平氏の落人狩りは長期かつ執拗(しつよう)に続いたため、落人たちはその素性を悟られぬようにしなければならなかった。ゆえに、くわしい記録は残っていないが、戦のあった土地の言い伝えによると壇ノ浦がある下関(しものせき)付近にとどまり続けたのだという。

その理由は、海に消えた平家一族を供養するためだったといわれている。

それを裏づけるかのように、下関市にある赤間神宮には、有盛(ありもり)、清経(きよつね)、資盛(すけもり)、教経(のりつね)、経盛(つねもり)、知盛(とももり)、教盛(のりもり)ら、壇ノ浦で敗れた一門14名の供養塔がある。名前に「盛」

赤間神宮の「七盛塚」

がつく者が多かったため、「七盛塚」と呼ばれている。また、赤間神宮の隣には、壇ノ浦の戦で平氏一門とともに入水自殺したとされる安徳天皇の御陵「安徳天皇阿弥陀寺陵」もある。

おそらく生き残った女官たちは、平氏の菩提を弔いながら、落人としての日々を送ったのではないか。

いずれにせよ、女官の生き残りたちの生活はひじょうに苦しく、遊女となった者も多かったという。女官たちが身分の高い人を意味する「上臈」と呼ばれていたことから「女郎」という言葉が生まれたとする説もあるくらいだ。

なお、先出の赤間神宮では、例祭である「先帝祭」において、女官が菩提を弔うため遊女に姿を変えて参拝したという言い伝えにより、女官装束で行列して参拝する上臈道中を行っている。

高杉晋作の死後、奇兵隊の隊員はさんざんな目に遭っていたって?!

高杉晋作とは、幕末期の長州藩士で、尊攘・倒幕運動の中心人物の1人。奇兵隊の創設者として、その名を知られている。

その奇兵隊は、どのように結成され、どのような終焉を迎えたのか。

1863年(文久3)5月、長州藩は攘夷(外国人を打ち払って国内に入れないこと)を決行し、下関海峡を通航する外国船を砲撃した。そのため長州藩は、アメリカとフランスの各軍隊から報復攻撃を受け、苦戦を強いられる。

この難局を打開するため、藩主の信任のもと、高杉晋作が結成した正規軍とは異なる軍隊が「奇兵隊」である。正規の軍に対して「奇兵」というわけだ。

江戸時代は「戦は武士がするもの」であり、軍事編成も家柄や身分が基準となっていた。だが、晋作は当時の常識を覆し、町人でも農民でも、志と力量さえあれば奇兵隊への参加を認めたという。奇兵隊に続いて、武士も庶民も混じる隊が次々に生まれ、奇兵隊も含めて「諸隊」と呼ばれた。

奇兵隊をはじめとする諸隊は、長州征伐や戊辰戦争などで大活躍していく。創設者の高杉晋作は明治維新を見ずに、1867年(慶応3)に29歳で病死しているものの、奇兵隊は「長州の最強部隊」としてその名を全国に轟かせ、維新に大きく貢献した。

では、維新後、奇兵隊ら諸隊はどうなったのか。

これだけ活躍したのだから、藩もさぞかし兵たちを優遇しただろうと思いきや、藩が諸隊に与えたのは厚い報酬ではなく、大リストラであった。藩にとって5000名を超える諸隊は、経済的に重荷だったのだ。

1869年（明治2）、長州藩は兵制改革により、奇兵隊をはじめとする諸隊を解散し、常備軍として再編成すると発表する。ところが、常備軍として採用されたのは、約5000名のうち2000名程度であった。つまり、半分以上がリストラされたのである。

身分にかかわらず結成された奇兵隊や諸隊であったが、けっして平等ではなかった。いつの間にか戦功や家柄によって、幹部と一般兵との格差は広がっていた。伊藤博文や山県有朋（やまがたありとも）のように政府の閣僚となるエリートもいる半面、一般の兵はわずかな報奨金と引き替えに放り出されたのだ。

怒った奇兵隊や諸隊の兵らが反乱を起こすも、すぐに鎮圧された。皮肉なことに、このとき鎮圧軍を指揮したのは高杉晋作の同志であった木戸孝允（たかよし）だった。

この反乱で命を落とした兵は少なくなかったが、さらに捕らわれた反乱兵のうち、133名が処刑された。逃亡した反乱兵は指名手配された。

処刑された兵たちの遺族の中には、人目を気にして墓さえ建てられなかった者もいたという。

秀吉の死後、たくさんいた側室の悲喜こもごもの「その後」

豊臣秀吉には、正室の他に、生涯で30人近い側室がいたとみられている。

では、秀吉が1598年（慶長3）に亡くなった後、これらの正室や側室たちは、どうなったのだろうか。

まず、正室の北政所「おね」（出家後は高台院）。正室ではあるが、子はなかった北政所は、秀吉の死後、秀吉の嫡男・秀頼を産んだ淀殿が実権を握ると、大坂城を出て京都三本木の屋敷に移り住んだ。

徳川家康とは秀吉が健在の頃から親しかったため、秀吉の死後も家康と良好な関係が続く。家康に秀吉から受け継いだ合計1万6000石という大名クラスの所領を、徳川の時代になっても保証されていたのだ。

加えて、秀吉を弔うための私寺「高台寺」の創建を始めると、家康から、秀吉との思い出が残る伏見城の建物をプレゼントされる。北政所は、高台寺が完成するとそこを住み処とし、1624年（寛永元）に77歳（諸説あり）で他界するまで、ほぼ平穏に生きた。

次は、淀殿、松の丸殿、三の丸殿、加賀殿の4人の側室の「その後」である。

一番のお気に入りだったとされる淀殿が、関ケ原の合戦後は徳川と対立し、1615年（慶長19）の大坂夏の陣で秀頼と共に自害したのは周知のとおりだ。墓所は京都の養源院と大阪市の大融寺にあるものの、遺体は発見されていない。

松の丸殿は、大津城の京極高次の姉、もしくは妹である。秀吉の死後は高次の大津城に身を寄せ、秀吉の菩提を弔うために京都の誓願寺に帰依する。そして、京都から秀頼に頻繁に贈り物をし、その成長を楽しみにしていたという。

なお、大坂夏の陣の敗北によって秀頼が自決し、京都に潜伏していた秀頼の子国松が斬首された際に、国松の亡骸を誓願寺に埋葬したのは松の丸殿である。彼女は1634年（寛永11）まで生きた。

三の丸殿は信長の娘で、秀吉と死に別れたときは20歳前後だった。その後は二回りほど年上の二条昭実のもとへ嫁いだが、数年後に死去している。富も身分も誇らない、しとやかで貞淑な女性だったという。

加賀殿は、その名のとおり加賀の前田利家の三女だ。秀吉は利家と親しかったためか、加賀殿を娘のように愛したと伝わる。秀吉の死後は公家の万里小路充房に嫁ぎ、男児を産んだ。その後はキリシタンになり、離縁して加賀に帰った。病気がちだったせいか、秀吉の死から7年後に34歳で亡くなっている。「遺体は教会に運んでほしい」と遺言したものの、聞き入れられなかった。なお、残された息子は前田家が育てたという。

8代将軍・徳川吉宗に献上されたインド象の哀れな最期とは？

長い鼻に、大きな耳とつぶらな瞳——象は今でこそ、誰もが簡単にその愛らしい姿を思い浮かべられるし、たいていの動物園で見られる。だが、かつては異国の有力者から献上品として贈られるほど珍しい生き物だった。

日本にも象は献上されていて、初来日は室町時代にさかのぼる。1408年（応永15）に室町幕府・4代将軍足利義持が、南蛮の王から贈られたのが最初だ。その後も、カンボジア王からキリシタン大名として有名な豊後（大分県）の大友宗麟へ、明（中国）とスペインのマニラ総督から豊臣秀吉へ、交趾（ベトナム）から徳川家康へと、4度も贈られている。

5回目となる象の渡来を要請したのは、「米将軍」の呼び名や、「享保の改革」「目安箱」などの政策で知られる、8代将軍・徳川吉宗である。吉宗の要請に応じた清

（中国）の商人の仲介により、1728年（享保13）6月13日、広南（ベトナム南部）からやってきたオスとメスの2頭の若いインド象が、象使いと通訳とともに長崎に上陸した。

2頭の象は、いったん長崎の唐人屋敷に滞在した。しかし、長旅の疲れが出たのか、日本の風土が合わなかったのか、メス象は舌に腫れ物ができ、3か月後に死んでしまう。

残されたオス象は、翌年の3月に大勢の役人に付き添われて長崎を出発し、吉宗の待つ江戸へと向かった。もちろん、徒歩での旅である。

大坂、京都、江戸へと続く旅路の途中、珍獣をひと目見ようと、象の通るところは人だかりができ、どこも祭りのような騒ぎとなったという。京都では、天皇と上皇の観覧に供されるために、無位無官ではマズいということで「従四位」というそのへんの大

名を上回る位と「広南従四位白象」という名を授けられた。象に関する書物やグッズも発売され、象ブームが巻き起こったのである。

江戸に着くと、ブームは頂点に達する。江戸城での吉宗の観覧だけでなく、御三家や諸大名の屋敷にも引き回された。

では、その後、象はどのような日々を送ったのか。

人気者の末路は哀れであった。まず、吉宗は一度見ただけで満足した、つまり飽きてしまったようだ。おまけに、象の飼育は重労働。さらに大食らいなため、莫大な食費がかかる。幕府も持てあましたのか、翌年には民間に払い下げられることになった。

しかし、引き取り手が見つからず、そのまま将軍家の別邸である浜御殿で、13年間飼育された。象の糞を黒焼きにした「象洞」なる怪しげな薬を売り出すも、売り上げは芳しくなかったという。

その後、東京中野の源助という農民に預けられたが、翌年には大暴れをするという事件を起こした後に死んでしまった。餓死だったとみられている。

オス象の頭蓋骨や牙などは、中野の宝仙寺に「馴象之枯骨」という名で伝えられるも、太平洋戦争で空襲に遭い、炭化した牙一本を残して焼失してしまったという。

賤ケ岳の戦いで自害したお市の方は助け出されていたって?!

お市の方は、いわずと知れた信長の妹だ。信長より13歳年下で、従姉妹とする説もある。最初の夫浅井長政の居城・小谷城にいたことから「小谷の方」とも呼ばれる。織田家が美男美女の家系であることは有名だが、お市の方も「戦国一の美女」の呼び声が高い。

お市の方は、政略結婚した浅井長政が信長に滅ぼされた後、長政との間にできた茶々、初、小督の3女をつれて、信長の家臣だった柴田勝家と再婚する。1583年（天正11）に秀吉に攻められると、3人の娘を脱出させた後に、居城の越前北ノ庄城で勝家と共に自害。城には火がかけられ、お市の方と勝家は炎とともに消えていった――というのが通説。だが、お市の方には意外な生存伝説がある。

一説によると、落城の寸前の北ノ庄城に部下を率いて侵入してきた男がいた。その男はお市の方の亡夫・浅井長政の一族で、ただの武士ではなく忍者だったという。

男は城内に替え玉の女性を残すと、お市の方を連れて城を脱出する。その後、お市の方は近江の浅井の旧臣方に落ち延びたのちに、男の助けを得て、各地を転々としたといわれている。

1599年（慶長4）、16年に及ぶ潜伏生活を続けたのちに、お市の方は下友田（三重県伊賀市）で病没したという。この説が真実だとすれば、53歳まで生きながらえたことになる。

もう一つ、お市の方の「その後」として興味深い話がある。死の直後に、お市の方の喉仏が切り取られ、その喉仏は、代々忍者の家系とされる三重県の稲増家に今も保管されているという。

天正遣欧使節となった4人の少年。彼らの不遇すぎる後半生とは？

「天正遣欧使節」とは読んで字のごとく、天正年間（1573〜92年）に南ヨーロッパに派遣された、4人の少年使節を指す。

イエズス会の日本巡察師バリニャーノの発案によって、豊後の大友宗麟、肥前の有馬晴信と大村純忠の3人のキリシタン大名の名代として、4人の少年がはるか遠いヨーロッパへと派遣された、日本初の公式なヨーロッパ訪問団である。

使節には、伊東マンショと千々石ミゲル、原マルチノと中浦ジュリアンが、島原半島の有馬セミナリオ（イエズス会の教育機関）の在学生の中から選ばれた。ちなみにマンショとミゲルが正使で、マルチノとジュリアンは副使だ。

1582年2月、遣欧使節の少年たちは、期待と希望を胸に長崎を出帆する。ゴア、リスボン、マドリードに赴き、トスカナ大公国で大歓迎を受けたのち、ローマで教皇グレゴリウス13世に引見された。教皇からも大歓迎されたと伝わる。

輝かしい日々を過ごした遣欧使節の少年たちであるが、帰国後はどうなったのか。さぞかし人々の尊敬を受け、ヨーロッパ帰りのキャリアを活かして活躍したのだろう――と思うが、さにあらず。帰国した遣欧使節の少年たちを待ち受けていたのは弾圧の日々だった。

出発前に日本の治世を握っていた信長はキリスト教に好意的だったが、次に権力の座についた秀吉は、

少年たちが帰国する3年前に「バテレン追放令」を発布し、キリスト教を弾圧していたからだ。

最年長の伊東マンショは、イエズス会に入った後にマカオで神学を学び、長崎で司祭となるも4年後に病死している。

千々石ミゲルはイエズス会に入るがのちに脱会し、大村純忠の長男・大村喜前（よしあき）に仕えた。その後は各地を転々とし、長崎で異教徒として暮らしたが、不遇な晩年を送ったという。

最年少の原マルチノもイエズス会に入ってマカオで学び、長崎で神父となった。だが、1614年（慶長19）に徳川家康が出した「キリシタン追放令」によって、キリシタン大名の高山右近らとともにマカオに追放され、帰国叶わぬまま病死した。

最も壮絶な運命をたどったのは、中浦ジュリアンである。キリシタン追放令が発せられた後も日本に残り、その後20年間潜伏して、長崎を中心に布教活動を続けた。だが、1632年（寛永9）に、ついに小倉で捕らえられてしまう。ジュリアンは長崎に送られ、汚物だらけの穴の中で逆さ吊（づ）りにされたまま、耳たぶに穴を開けられるという凄まじい拷問（ごうもん）を受ける。

一緒に拷問を受けた宣教師のフェレイラは耐えきれずに棄教したが、ジュリアンは最後まで拷問に耐え、「私はローマへ行った中浦ジュリアン神父である」と叫んで殉教したという。

江戸時代が終わって、大奥の女性たちはどこへ行った？

大奥は、徳川将軍家のみに存在し、江戸城のただ1か所にしかないと思われがちだ。ところが、江戸城だけでも、将軍とその正室が住む「本丸」、世嗣（跡継ぎ）および、その正室などが暮らす「西丸」、将軍の生母や前将軍の側室などが住む「二丸」の3か所にあった。

しかも、畑尚子著『幕末の大奥 天璋院と薩摩藩』（岩波新書）によると、江戸城のみならず、御三家の尾張徳川家、御三卿の一橋徳川家、御家門の越前松平家、薩摩の島津家などでは、江戸屋敷や国元の奥向（当主の妻を中心に、子女たち家族が生活する場）を「大奥」と呼んでいたことが、具体的な史料で確かめられたという。

大奥は「御殿向」、「御広敷向」、「長局向」の3部分に分かれていた。女中たちは大奥を取り仕切る「御年寄」をはじめ、「御客会釈」、「御小姓」など20を超える身分に区分され、江戸幕府の最盛期には千数百人にものぼったという。

すると、ここで疑問が起こる。徳川幕府が新政府軍に江戸城を明け渡した「江戸無血開城」が行われると、当然のことながら大奥の歴史も幕を下ろす。大勢いた大奥の女性たちは、どこへ行ったのだろうか。

まず、幕末には約400人いたとされる女中たちは、開城が決まると、国元に帰るように命じられた。大部分は帰ったが、一部の者はそのまま将軍夫人らに仕え続けたという。

将軍夫人たちの行方はというと、14代将軍徳川家茂(いえもち)に降嫁した静寛院宮(せいかんいんのみや)(和宮親子(かずのみやちかこ)内親王)および、14代将軍・家茂(いえもち)の生母は、4月9日に清水邸へ、13代将軍家定(いえさだ)の正室の天璋院(てんしょういん)(通称・篤姫(あつひめ))と、家定の生母は翌10日に一橋邸へと移った。

なお、退去の際、和宮と天璋院は、自分の部屋を普段どおりに飾りつけていたという逸話は有名だが、先出の『幕末の大奥 天璋院と薩摩藩』によると、ただ退去の準備が間に合わなかっただけだという。残された徳川の名品たちは、後日、江戸城に入った大村益次郎(ますじろう)たちによって略奪された。

かくして大奥は、その長い歴史に幕を下ろしたのであった。

5章

この親にしてこの子あり?!「有名人の2世」の生きざま

僕のお父さん、すごいんです…

大名になれたのは一人だけ?! 信長の息子たちの「その後」とは

1582年（天正10）6月2日、京都の本能寺にて、織田信長が明智光秀に討たれた。いわずと知れた「本能寺の変」である。

では、本能寺の変後、信長の子供たちはどのような運命をたどったのか。

信長には、わかっているだけでも11人の息子がいた。

まず長男の信忠と五男（四男とも）の勝長が、本能寺の変の当日に他界している。両名とも二条御所に立て籠もるも明智の大軍の襲撃を受け、信忠は自害、勝永は討ち死にしたと伝わる。信長の息子の中で本能寺の変で命を落としたのは信忠と勝長の2名で、他は別の場所にいたらしく難を逃れている。

次男・信雄は信長の息子の中で、唯一その子孫が大名として続いた。信雄本人は秀吉と対立し、小牧・長久手で戦ったが和睦する。関ケ原の戦いや、大坂の陣では徳川家康に味方し、大和、上野に5万石を与えられた。

三男・信孝は兄の信雄と織田家の継嗣をめぐって争うが勝てず、柴田勝家が秀吉と争うと共に挙兵する。だが、「賤ケ岳の戦い」で勝家が敗れたため、26歳で自害した。

秀吉の養子となっていた四男（五男とも）の秀勝は、「山崎の戦い」で秀吉とともに明智光秀を破り、実父の仇を討っている。大徳寺での信長の葬儀では喪主を務めたが、18歳の若さで病死している。肺病だったという。

六男〜一一男はいずれも豊臣の家臣となっている。六男・信秀（のぶひで）は1597年（慶長2）以降に、癪（しゃく）のため京都で死亡したようだが、没年などは不明だ。七男・信高（のぶたか）は子孫が徳川の旗本として残り、のちに高家旗本（名家の子孫で幕府の儀礼をつかさどる将軍の直属家臣）となった。信高本人は羽柴姓と近江に知行を与えられるも、豊臣政権では冷遇されたと伝わる。関ケ原後は家康の麾下（きか）となった。

ちなみに元フィギュアスケート選手の織田信成氏は、この信高の末裔（まつえい）と称している。

八男・信吉は秀吉に近江に知行を与えられたが、関ケ原で西軍に味方したために領地を失う。

九男・信貞は、子孫が高家旗本として残った。信貞本人は、秀吉に近江に千石を与えられる。関ケ原の本戦には参加しなかったものの、家康の傘下に入り本領は安堵された。

一〇男・信好は近江に所領があったようだが、法名と墓所以外の詳細は不明。

一一男・長次は八男・信吉とともに、関ケ原の戦いに西軍で参戦するも戦死。

結局のところ、信長の系統として残ったのは、次男の信雄と、七男の信高、九男の信貞の子孫といえる。

石田三成の息子は、処刑されずに100歳まで長生きした！

関ケ原で敗れた石田三成は逃亡を試みるも、伊吹山で捕らえられてしまう。囚われの身となった三成は、引き回された後に京都の六条河原で斬首された——というのは、ご存じだろう。

だが、三成の息子が、その後、どうなったかを知る方は少ないのではないか。

天下人となった家康に刃向かった大罪人の息子である。当然のことながら、引っ捕らえられ厳罰が下されるか、父の後を追って自害。もしくは、父の敵討ちの兵を挙げるも、多勢に無勢で討ち死にした――などと考えるのが普通だろう。

ところが、意外や意外、三成の息子たちは、関ケ原後も生き延びているのだ。しかも、長男の重家に至っては１００歳近くまで生きるという、現代でも稀な長寿をまっとうしたといわれている。

では、三成の息子たちは、関ケ原の合戦後、どのような人生を歩んだのか。三成には3男3女、あるいは2男5女と、他に庶子が数人いたとされるが、特筆すべきは長男・重家と、次男・重成である。

まずは、長男・重家である。

重家は関ケ原の合戦前から、人質として大坂城に入っていた。ゆえに大坂城で父・三成の敗報を受けた。一説によると、当時17歳であったという。

重家は大坂城を脱出し、京都の妙心寺の寿聖院に逃れる。寿聖院は、三成が父・正継のために創建した寺であるため、取りあえずは安全だからだ。寿聖院の住職は、逃げ込んできた重家を即座に出家させた。さらに京都の奉行所にそれを届けて、重家の助命を家康に嘆願する。

住職の判断は適切だった。仏門に入った人間を処刑するわけにはいかなかったのか、家康は重家を許した。重家は「宗享（そうこう）」と名乗って修行に励み、寿聖院の院主（3代目）になったと伝えられている。

その後は諸説あって、享年は97歳とも98歳とも、100歳、いや104歳ともいわれ、和泉（いずみ）岸和田（大阪府）で没したとも伝わる。

一方、次男の重成は豊臣秀頼の小姓をしており、関ケ原の合戦当時は10歳前後だったと見られている。関ケ原後は、のちに初代弘前（ひろさき）藩主となる津軽為信（つがるためのぶ）に力を借りて津軽に逃れ、「杉山八兵衛」と名を変えて侍大将になったという。

あるいは、同じ秀頼の小姓であった津軽信建（のぶたけ）（為信の子）の協力を仰ぎ、津軽に逃亡。杉山源吾と称し、山村で隠棲（いんせい）したとも伝わる。その後は、20歳前後で早逝したとも、江戸へ出て53歳まで生きたともいわれている。

え！ 蘇我氏は大化の改新で滅亡していなかったって?!

蘇我氏とは、6世紀半ば以降約100年にわたって朝廷で勢力を誇った古代大豪族である。大和朝廷の初期に活躍したという伝説上の忠臣である武内宿禰（たけうちのすくね）を祖と称する。諸説あるが、大和国高市郡（奈良県）の曽我を本拠としたという。

なお、かつて蘇我氏は、5世紀末に渡来した百済の高級官人木満致が、大和の曽我に定着したのに発したとの「渡来人説」も有力であったが、現代では否定されている。

さて、蘇我氏の名が歴史に登場するのは、蘇我稲目からである。あまり馴染みのない名かもしれないが、かの有名な蘇我馬子の父親だ。欽明天皇の妃に娘を送り込み、皇室との姻戚関係を築くことで蘇我氏全盛の礎をつくった。

やがて蘇我氏は、馬子と、馬子の子の蝦夷の時代に全盛期を迎える。蘇我氏は独裁政権をしき、その栄華は天皇家を圧迫するほどだったという。

ところが、645年（大化元）に、蝦夷の子・入鹿が中大兄皇子や中臣鎌足らによって暗殺され、蝦夷も自害してしまう。「乙巳の変」と呼ばれる、古代日本における最大の大事件である。乙巳の変後の政治改革が「大化の改新」だ。

これをもって蘇我氏は滅亡した――と記憶する方も多いだろう。

しかし、滅びたのは、蘇我氏宗本家である。蘇我氏自体が、この世から消えたわけではない。他の一族は、その後も生き延びたのだ。

では、宗本家が滅びたのち、他の蘇我氏はどうなったのか。

今に伝わる蘇我氏の血脈

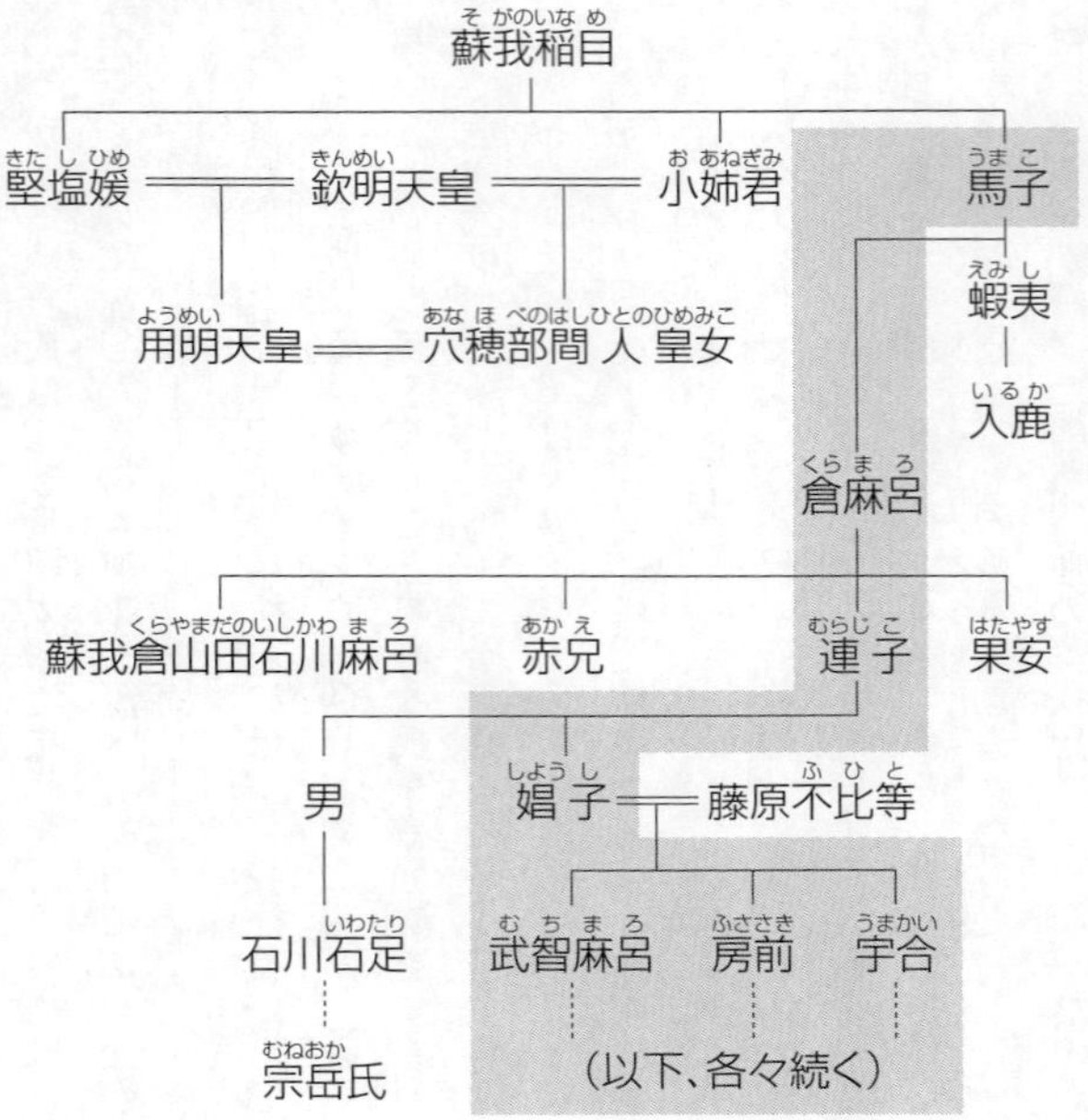

蝦夷、入鹿の死後に、宗本家に取って代わったのは、蝦夷の甥・蘇我倉山田石川麻呂である。石川麻呂は、乙巳の変では中大兄皇子に味方し、新政権では右大臣となった。

石川麻呂自身はその後、謀反の嫌疑をかけられ自害に追い込まれるも、弟の連子と赤兄は順に右大臣になっている。

だが、大友皇子と

大海人皇子が対立した「壬申の乱」において、赤兄ら蘇我氏の有力者が味方した大友皇子が敗北したため、赤兄は子孫とともに流刑となる。赤兄の弟の果安は自害し、子孫は流刑に処せられ、衰退していった。

一方、石川麻呂の弟の連子の子孫は「石川氏」と名を変えて継承した。一時は繁栄するも、その後振るわず「宗岳氏」と再び改名した。

現在、明確に蘇我氏の血脈として伝えられるルートとしては、石川麻呂の弟・連子の娘である娼子から藤原氏へのルートだ。娼子は藤原不比等に嫁ぎ、子孫を残したため、藤原氏を通して蘇我の血脈は現在まで継続されている。

服部半蔵の跡継ぎは、忍者たちにストライキを起こされていた！

忍者といえば、まず服部半蔵の名が上がるだろう。確かに服部家は代々、伊賀忍者のリーダー役を務めていたし、半蔵の父・服部半蔵保長は、忍びの長であった。

ところが、忍者を束ねる者として、徳川家康に仕え、歴史に足跡を残してはいるが、半蔵が忍者として活躍したという確かな証拠はないようだ。

では、史実に現れる半蔵は、どんな人物なのか。半蔵は通称で、名を正成という。

1542年（天文11）、家康と同じ年に生まれた。半蔵がいつから家康の家臣となったかは不明だが、「姉川の戦い」、「高天神城の戦い」、「三方ケ原の戦い」など、いくつもの合戦に出陣し、戦功を挙げている。槍を得意としていたらしい。

そんな半蔵の功績の中で最も輝かしいのは、なんといっても家康の「伊賀越え」だ。伊賀越えとは「本能寺の変」後の、家康の逃避行を指す。

本能寺の変が勃発したとき、家康は堺を遊覧していた。当時、家康は信長と同盟を結んでいたため、明智光秀が家康の命も狙うのは、ほぼ間違いない。周囲は敵ばかり。家臣の数もわずかだ。家康の生涯最大のピンチであった。

そこで家康は、甲賀、伊賀、伊勢を通って、三河へ逃れることに決めた。その際に、半蔵は伊賀者を呼び集め、甲賀忍者の支援も取り付け、伊賀忍者約200人、甲賀忍者約100人をもって家康の警護にあたらせたという。

おかげで、家康は無事に三河に帰還できた。家康は、このとき警護にあたった伊賀者200人を「伊賀同心」として召し抱え、半蔵をそのトップに据えた。

その後、半蔵は家康の関東入府に付き従い、江戸城前に屋敷を拝領する。だが、家康の天下を見ることはなく、1596年（慶長元）に55歳で亡くなった。

では、半蔵の死後、服部家はどうなったのか。

跡を継いだ長男の正就は、ひと言でいうと「ろくでなし」だった。短気で横柄な性格で、伊賀同心の忍者たちを使用人のようにこき使ったという。怒った忍者たちが四谷の長善寺に立て籠もってストライキを決行、正就の罷免を要求する。驚いた幕府は、正就に事態の収束を命じた。

しかし、事態はいっこうに収まらなかったため、忍者たちの要求どおりに正就は罷免された。役職をクビになった正就だったが、数年後、さらに事件を起こす。ストライキのリーダーだった忍者を偶然見かけ、短気な正就は頭に血が上り、追いかけて斬り殺したのだ。

しかし、まったくの人違いだったため、ついに幕府から改易を言い渡されてしまう。次男の正重も「大坂夏の陣」で戦死したため、服部家は断絶したのだった。

討ち入り最大の被害者？ 吉良上野介の孫が送った悲惨な幽閉生活

1702年（元禄15）、赤穂浪士の討ち入りで、吉良上野介義央が討ち取られた後に、その孫・吉良義周がたどった悲惨な運命をご存じだろうか。彼こそ、討ち入りの最大の被害者ともいえるのだ。

義周の父親は、上野介の長男で出羽米沢藩（山形県）の上杉氏に養子入りした綱憲である。しかし上野介の次男が夭折したために、綱憲の次男だった義周は5歳で上野介の養子となる。つまり上野介は、義周の祖父であり義理の父にあたるのだ。

討ち入り当時の吉良家の当主は、この義周である。

討ち入り当時、義周は17歳の若さであった。それでも、押し入ってくる赤穂浪士に臆することなく立ち向かい、薙刀を振り回して勇敢に戦った。

しかし額を斬られ、右肩に深手を負い、気を失ってしまう。意識が戻ったときには、すでに上野介は首をはねられていた。赤穂浪士たちの姿もなかったという。

何はともあれ、義周は勇敢に戦い、九死に一生を得た。しかし翌年の2月4日、奇しくも赤穂浪士たちが切腹した日に、幕府から義周に下されたのは「仕形不届」──つまり、父・上野介を守れなかったのは武士にあるまじき行為として、「領地没収のうえ、信濃・諏訪への流罪」という重い処分であった。

義周にすれば一方的に襲撃され、父親を殺されたわけで納得がいかない。しかし、幕府は「世間を納得させるには、こうするしかない」と取り合ってくれなかったという。いかに世間が赤穂浪士の味方であったかがうかがえる。

かくして、義周は信州に送られた。供は、70歳を超える吉良家の家老・左右田孫兵衛と、実父の上杉綱憲のもとから派遣された山吉新八の2名だけだったと伝わる。

罪人用の唐丸籠(とうまるかご)に乗せられて信州に着いた義周は、諏訪湖(すわこ)のほとりに位置する高島城の南の丸に幽閉された。

罪人として過ごす信州での生活は、過酷で惨(みじ)めなものだった。食事は一汁一菜、寒地であるにもかかわらず、真冬でも綿の布子一枚しかあてがわれず、火鉢で温まることさえできない。番人に一日中監視され、気の休まるときもない。

かといって死ぬことも許されないのだ。自殺を防ぐために、脇差し、扇子、爪楊枝など凶器になり得るものは、いっさい持つことを禁じられた。

これでは、どんなに屈強な男でも日に日に弱っていくだろう。ましてや義周はもともと病弱だったから耐えられるはずもない。

幽閉から3年後の1705年（宝永2）年12月、ついに義周は病の床に就く。なんとか年は越すものの、翌年の正月20日、わずか21歳で病死している。ここに吉良家は断絶となった。

死後はすぐに埋葬されず、遺体は塩漬けにされ、江戸からの検死を待ってようやく2月5日になって葬られた――といわれているが、「葬られずに捨てられた」という説もある。赤穂浪士の名声の陰に隠れた、悲しすぎる最期だった。

豊臣秀頼の娘は大坂の陣を生き延び、離婚したい女性を何百人も助けた

秀吉亡き後の豊臣家が、いつ、どのように滅びたかを尋ねたら、多くの方が答えられるだろう。1615年（慶長20）5月8日、徳川家康・秀忠の15万の軍勢に攻められて、天下の名城にして堅城・大坂城は落城。燃えさかる城の中で、豊臣秀頼と、その母淀殿の母子は自決。これをもって豊臣家は滅亡した。「大坂夏の陣」と呼ばれる戦いである。

だが、ここで豊臣の血統が完全に途絶えたわけではない。秀頼と、落城前に離縁した正室の千姫（徳川家康の孫）の間に子はなかったが、側室の成田氏との間には、

国松という男児と、1歳下の妹（名前は不明）の、2人の子供がいたからだ。

では、秀頼の子供たちは、豊臣の滅亡後、どのような運命が待っていたのか。前章（111ページ参照）でも記したが、落城当時8歳だった国松は、その直前に大坂城から脱出し、京都の伏見に潜伏した。

しかし、徳川方の厳重な残党狩りから逃れることはできず、大坂城落城から13日目の5月21日に発見されてしまう。国松の身柄は京都所司代の板倉勝重のもとに送られ、洛中を引き回したうえで六条河原で斬首された。「容貌美麗」と記録に残るから、美少年だったようだ。

一方、当時7歳だった妹は、5月12日に国松より先に徳川の手に落ちている。だが、国松と違って処刑されることはなかった。女児であったのと、徳川秀忠の娘にして秀頼の正室だった千姫の嘆願により、千姫を養母として尼になることを条件に処刑を免れたのだ。

では、その後、秀頼の娘はどうなったのか。彼女は剃髪し、千姫の養女として鎌倉の東慶寺に入った。東慶寺は開祖・覚山志道尼が「女性救済」の寺法を作ったことで知られていた。「天秀法泰」と名乗ってからは尼僧として修行を積み、のちに東慶寺の20世住持（一寺の主僧）・天秀尼となった。

天秀尼は住持になると、幕府へ「女性救済」の寺法の永代にわたる許可を申し入れ、認められた。これにより、東慶寺は不幸な女たちの最後の砦となり、天秀尼はその生涯を女性救済に捧げた。東慶寺が縁切り寺、駆け込み寺としての力を本格的に発揮するようになったのは、彼女が住持になってからだといわれている。

「東慶寺中興の祖」と称されるほど立派に住持を務めた天秀尼だが、37歳で短い生涯を終えた。天秀尼の死により、秀吉の直系の血は途絶えたのだった。

清盛の子・宗盛は、壇ノ浦で海に放り込まれても泳いで生き延びていた

1185年(文治元)の「壇ノ浦の戦い」において、平氏が源氏に敗れ、滅亡したことは有名だ。このときの源氏の総大将が、かの悲劇の英雄・源義経であることも、その後、義経に襲いかかる悲劇もご存じだろう。

だが、平氏の総大将の名と、その後の運命を即答できる方は、そう多くないのではないか。

平氏の総大将平宗盛は、平氏の全盛時代を築いた平清盛の三男である。清盛が亡くなる2年前に家督を継ぎ、清盛亡き後は一門の総帥として源氏と戦った。父親の

清盛が、良くも悪しくも野心に溢れ、個性的で非凡な才能をもっていたのに対し、宗盛は平凡で消極的な人間だったようだ。「無能な善人」「臆病でおはせる人」などと称されている。

壇ノ浦の戦いにおいて、源氏の軍勢に追い詰められた宗盛がとった行動は、まさに「無能な善人で、臆病でおはせる人」であった。

敗戦が決定的となると、平家一門は「もはやこれまで」と次々と海に飛び込み、入水自殺していく。幼い安徳天皇や女官たちですら潔く入水する中で、総大将の宗盛はただ船の甲板でオロオロするだけだった。

家来たちは「敵の手に落ちる前に自害すべき」と促した。だが、それでも宗盛は、一向に入水しようとはしない。

「平氏の総師としてあまりに見苦しい」と見かねた

家来たちは、宗盛を押さえつけて、みんなで海に放り込んだ、あるいは海に突き落としたという。それを見た宗盛の息子・清宗（きよむね）も海に飛び込んだ。

戦い敗れた平氏の総帥とその息子は、哀れにも海の藻屑（もくず）に――とはならなかった。宗盛も清宗も親子揃って泳ぎが達者だった。2人とも重い甲冑を身に着けているにもかかわらず、波間をプカプカと浮いていたのだ。

平氏の総帥とその息子が海に浮いているとなれば、当然のことながら源氏側は捕獲に乗り出す。まず、清宗が源氏方の伊勢三郎の船に引き上げられた。すると、宗盛はなぜか伊勢三郎の船に近づき、みずから捕虜になったと伝わる。

捕虜になった2人は、当然ながら無罪放免とはならない。生き延びたのもつかの間、清宗と宗盛は義経によって鎌倉に護送された。鎌倉で源頼朝と対面し、京へ戻る途中の近江国篠原で、親子別々にされたうえで首を刎（は）ねられた。

「清宗はどこだ。17年間、片時も離れずにきたのに。私があえて自害しなかったのも、すべてあの子のためなのだ」

宗盛は、そう泣き叫んで斬られていったという。いい総帥ではなかったかもしれないが、愛情深い、よき父親だったようだ。

一方で、息子の清宗は「早く斬れ」とみずから首を差し出したという。

おごれる者は久しからず――かくして平氏の嫡流は、ここに途絶えたのであった。

3代将軍・足利義満の息子は意外な方法で将軍に選ばれていたって?!

室町時代を通じて、足利将軍の座に就いた男は15人いた。

その中に、実にユニークな方法で将軍に選出された男がいる。6代将軍・足利義教(よしのり)だ。金閣寺で有名な足利義満の息子である義教は、なんと「くじ引き」で将軍職を手に入れている。

しかしなぜ、そんな大切なことをくじ引きで決めたのか。それは、義教の実兄にあたる4代将軍・義持(よしもち)が、6代将軍を決めずに亡くなったからだ。

義持は、生きているうちから子の義量(よしかず)に将軍職を譲っていた。しかし、義量は5代将軍となった2年後に、19歳の若さで早逝(そうせい)してしまう。義持には、他に跡を継がせる男子がいなかったため、義持が政務に復帰した。

ところが、息子に死なれたショックが大きかったのか、義持の心身は弱り、3年後に43歳で亡くなる。

重臣たちは、義持の臨終に際して「6代将軍を誰にするか」を問うた。すると、義持は「誰も指名したくない」とまさかの指名拒否をしたまま、さっさとあの世に旅立ってしまったという。おそらく、死んだ息子以外を将軍にしたくなかったのだろう。

というわけで、醍醐寺の満済らが中心となって、くじ引きで、将軍を選ぶことになったのだ。もちろん、前代未聞のことである。

くじ引きは、義持の4人の弟たちの間で行われた。ここで、見事に大当たりとなったのが、足利義教である。

では、くじに当たって将軍になった義教は、その後、どうなったのか。

就任当初は、前代の例にならい、重臣らの意見に従いながら政務を行っていた。しかし、しだいにみずから権力を握り、いわゆる「恐怖政治」をしいていく。

義教は、自分の思いどおりにならない守護大名や貴族を次々と処分していった。それだけでなく、たとえば、参内した際にクスッと笑った公家に腹を立て、ただちに所領を没収したり、「酌の仕方が気に入らない」と侍女を死ぬほど殴ったあげくに髪を切って尼にしたりと、ささいなことで処罰を繰り返した。

義教に説教しようとした日蓮宗の日親などは、火で熱した鍋をかぶせて、二度と説教できぬように舌を切り落とされたという。

義教は「万人恐怖」「悪御所」と呼ばれて恐れられた。

こんな義教であるから、「やられる前にやってやろう」と考える者が現れても不思議はあるまい。義教は播磨の守護大名・赤松満祐によって、招かれた宴席中に斬殺された（嘉吉の変）。

誰もがその死を願っていたのか、誰一人、殉死や仇討ちを行う者はいなかったといわれている。暗殺の首謀者・赤松満祐の討伐軍が動きはじめたのも、事件発生から1か月以上も過ぎてからだったため、満祐も悠々と国元に逃げおおせている。

安泰と思いきや甘かった！ 加藤清正の子孫たちの「その後」とは？

加藤清正とは、秀吉の子飼いの戦国武将である。幼少より秀吉に仕え、虎退治の逸話や、七本槍の1人に数えられるなど、その武勇は名高い。築城の名手としても知られ、日本三大名城の一つとされる熊本城を築城したことでも有名だ。

秀吉の死後に勃発した「関ケ原の戦い」では徳川方につき、肥後52万石の大大名となる。

徳川幕府に服従する一方で、秀吉亡き後の豊臣家にも忠義を尽くした。秀吉の子・

豊臣秀頼と家康が二条城で会見した際には、一説によると、懐の奥に短刀を忍ばせて秀頼に寄り添い、秀頼を守ったという。

清正がこの世を去ったのは、この二条城の会談から間もなくのことである。清正は熊本への帰途の船中で病に罹り、熊本にたどり着いたものの、50歳であえなく病没した。家康による暗殺説もささやかれる、突然の死であった。

さて、清正の死後、その子供や子孫たちはどうなったのだろうか。

まず、清正の息子・忠広は、2代将軍・徳川秀忠の養女と婚姻を結び、肥後52万石を受け継いだ。さらに、清正の次女が家康の一〇男の徳川頼宣のもとへ嫁いだ。天下の徳川家と二重の婚姻で結びつき、これで清正亡き後の加藤家も安泰か――と思いきや、そうではなかった。

忠広は清正が亡くなった当時、わずか11歳であった。領国を治めるにはあまりにも幼少ということで、徳川幕府から監察役が派遣され、5人の家老による合議制で藩政を行っていた。しかし、家老たちの主導権争いによるお家騒動が勃発し、幕府の裁定を仰いだことから、幕府は忠広の統治能力を不安視するようになる。

やがて、将軍が秀忠から3代目の家光に代わると、忠広は突然幕府から出府するように命じられ、そこで所領や屋敷を没収される「改易」を言い渡された。

その理由として、忠広の統治能力不足の他に、将軍・家光との関係が挙げられる。家光は弟の忠長を嫌い、切腹させているが、忠広はその忠長と仲が良かった。加えて、忠広の息子の光正に謀反の疑いがかかったことも要因だったという。

いずれにせよ、忠広は出羽庄内の酒井忠勝のもとへ送られた。息子の光正も、飛騨高山の金森重頼に預けられるという処分が下された。光正は飛騨に流された翌年に自害、あるいは病死してしまう。

忠広は出羽丸岡に1万石の所領を授かり、1年後に到着した母親と共に余生を過ごす。そして1653年（承応2）に53歳で没した。

側室との間に生まれた忠広の子も、忠広の死を知ると自害している。一説によると、加藤家の断絶を望む幕府の圧力による死だという。

こうして、加藤家の男系の血は途絶えた。すべては、徳川幕府による豊臣系大名の処分の一環だったともいわれている。

四国の覇者・長宗我部元親の四男は寺子屋の先生に転職していた

いわゆる「歴女」と称される女性たちに絶大な人気を誇る戦国武将の1人に、長宗我部元親がいる。元親は「土佐の出来人」と呼ばれ、土佐の一国人にすぎなかった長宗我部家を、四国の覇者にのし上げた強者だ。

色白で180センチを超える長身、かつては「姫若子」と家臣たちに嘲笑されるほど、おとなしく優しげな風貌だったと伝わる。かなりのイケメンだったのだろう。

秀吉の四国制圧の前には屈し、土佐一国のみの大名となるが、「大河ドラマの主人公にしたい戦国武将」でも上位に食い込むなど、その人気は高い。

その元親の四男が、長宗我部盛親である。盛親は関ケ原の戦い後、戦国史上でも、極めて珍しい転職を経験したとされている。

では、盛親の意外な転職先とはどこだったのか。順を追ってみていこう。

元親は嫡男であった信親が戦死すると、次男・親和と三男・親忠を幽閉し、盛親を跡継ぎに決めた。1599年（慶長4）に元親が亡くなると、25歳の盛親は長宗我部家の当主の座に就く。

翌年に「関ケ原の戦い」が勃発すると、盛親は西軍に味方し、軍勢を率いて関ケ原に陣を張った。しかし、西軍の敗色が濃厚になると、戦場を離脱する。途中、何度かの遭遇戦でボロボロになりつつも、なんとか土佐に逃げ帰った。

帰国後は、元親と親しかった井伊直政を通して、家康に謝罪する。しかし、幽閉していた実兄の親忠を殺害したのが、家康の怒りに触れた。盛親は命こそ奪われなかったものの、領国を没収されてしまう。

その後、盛親は京都所司代の監視の下、蟄居（ちっきょ）の身となった。そして、大岩祐夢（たいがんゆうむ）と号し、なんと、寺子屋の先生として14年の長い月日を過ごしたとされる。大名から寺子屋の先生へという、違いすぎるジャンルへの大転身だった。

ところが、盛親はもう一度、武将に戻ることになる。徳川と豊臣の雲行きが怪しくなると、盛親は京都を脱出し、「大坂の陣」では再び豊臣方の武将として戦った。夏の陣では、徳川方の藤堂高虎（とうどうたかとら）の軍勢を徹底的に撃破するなどの活躍を見せるも、結局は敗走したという。

大坂城が落ちると、再起を目指して逃亡をはかるも捕らえられ、京を引き回されたのちに六条河原で

斬殺された。享年41だった。

『常山記談』には、捕獲された際に出された食事が粗末だったため、敵方の家臣を叱りつけて大名料理を提供させたという逸話が記されている。また、一説によると、処刑の前の取り調べにおいて「もしわれらの運が良ければ、天下は大坂方のものだった」と豪語したという。

どちらも、家康に2度も刃向かい、最後まで再起を目指した盛親にふさわしいエピソードである。

佐久間象山の息子は新撰組に入隊し、ウナギにあたって夭折していた！

有名人の子供は、とかく甘やかされがちだ。そのため、ややヤンチャが過ぎる2世も少なからず存在する。佐久間恪二郎も、そんなボンボンの1人だった。

ここで「佐久間恪二郎って誰？」と思われる向きも多いだろう。

佐久間恪二郎とは、幕末の偉大な思想家・兵学者の佐久間象山と、お菊という妾の間に生まれた子である。女好きで知られる象山には正妻（勝海舟の妹）との間には子がなく、代わりにたくさんいる妾が産んだ4人の子がいたが、恪二郎以外は幼くして亡くなっている。

恪二郎の父・佐久間象山は、間違いなく幕末の偉人の1人である。だが、坂本龍馬や西郷隆盛ほど知られていないので、略歴を紹介しておこう。

象山は信濃の松代藩士で、いわゆる「開国論者」だったが、外国の言いなりになるのではなく、西洋の科学技術を取り込んで国力をアップさせ、最終的に列強を屈服させるという先駆的な思想の持ち主だった。門下に勝海舟、吉田松陰らがおり、幕末の志士たちに大きな影響を与えた。しかし攘夷派に狙われ、象山は53歳のときに京都で暗殺される。父親が暗殺されたとき、恪二郎は17歳だった。

象山は自他共に認める天才であったが、尊大で人を見下す高飛車な性格のため、敵も多かった。そのため象山の死後、佐久間家は断絶させられてしまう。

そこで恪二郎は、象山の学友であった会津藩士の山本覚馬から、父親の仇・攘夷派を討ち、佐久間家の再興を果たすために、新撰組に入るように勧められたという。かくして、恪二郎は新撰組に「客分」として入隊し、三浦敬之助と名を改めた。

では、新撰組に入隊した恪二郎は、その後、どうなったのか。

当初は近藤の護衛役を任されたり、「禁門の変」に出動したりするなど、それなりに役目を果たしていたようだ。周囲も他の平隊士より丁重に扱ったらしい。

しかし甘やかされたのがいけなかったのか、やがて恪二郎は、新撰組隊士の悪い面に染まっていく。口げんかとなった隊士に斬りかかってケガをさせたり、自分からぶつかっておいて肉売りの女を無礼討ちにしたりと、粗暴な振る舞いが伝わる。その後、恪二郎は新撰組を脱走し、戊辰（ぼしん）戦争では官軍として戦う。これで大いに活躍したらしい。恪二郎は明治政府より恩賞を授かり、家名再建も果たしている。

明治以降は、福沢諭吉の慶應義塾で学び、司法省に入る。この出世は恪二郎の実力よりも、義母の兄にあたる勝海舟の力が大きかったといわれている。しかし、海舟の骨折りも虚しく、恪二郎は公務中も深酒するほどアルコールに溺れ、しばしば問題行動を起こしたという。

そんなお騒がせ男の恪二郎は1877年（明治10）、赴任先の愛媛県松山で不慮の死を遂げる。死因はなんと、ウナギにあたったせいだという。

享年29。最期まで人騒がせな男だった。

シーボルトの国外退去後、残された娘は日本初の女性産科医になった

シーボルトとは、幕末の長崎オランダ商館の医師だ。1823年（文政（ぶんせい）6）に来

日した。なお、オランダ人ではなく、ドイツ人である。

「鳴滝塾」を開き、医学や博物学などをはじめ、西洋の知識や技術を教え、医者で蘭学者の高野長英や二宮敬作、医者の伊東玄朴や美馬順三など、数々の逸材を育てた。1828年に任期が満ちて帰国する際に、禁じられている地図の持ち出しが発覚し、翌年に国外永久追放となった「シーボルト事件」はあまりにも有名である。

さて、国外永久追放となったとき、シーボルトには長崎の元遊女だった「お滝」こと、楠本タキとの間に生まれた「イネ」という娘がいた。当時、イネは3歳足らずであった。

では、父親のシーボルトが国外追放になったのち、イネはどうなったのか。

父親の影響なのか、イネは医学の道を志す。母親の反対を押し切り、シーボルトの門人の二宮敬作や石井宗謙、長崎養生所雇教師ポンペ・ボードイン・マンスフェルトなどに学び、女性では日本人初の西洋医学を学んだ産科医となったのだ。

1871年（明治4）には築地に開業し、さらに宮内省御用掛となっているから、日本初という珍しさだけではなく、きちんと技量も伴っていたのだろう。

また、村田六蔵（後の大村益次郎）からはオランダ語や蘭学を学び、六蔵が襲撃されたときにはイネが治療を行い、最期を看取ったともいわれている。

私生活では、産科の師匠であった石井宗謙との間にできた娘を、女手一つで育て上げた。晩年は医師も廃業し、夫と死別した娘と孫を引き取って、麻布の洋館で静かに暮らしたという。

親鸞の息子・善鸞は〝異教〟に走って親子の縁を切られていた！

善鸞（ぜんらん）とは、鎌倉中期の浄土真宗の僧だ。父親は、真宗の開祖親鸞（しんらん）である。親鸞は溺愛といっていいほど善鸞を慈しみ、善鸞も偉大な父のもとで、念仏について懸命に学んだという。

しかし、のちに善鸞は父に背き、晩年の親鸞を大いに悩ませる。親鸞が最も心を痛めたといわれる「善鸞事件」を起こすのだ。

1207年（承元（じょうげん）元）、親鸞は専修念仏禁止令により越後に流罪となった。だが、やがて許されて、関東で20年ほど布教を行った後に京都に戻った。だが、帰京して20年近くがたつと、親鸞が去った関東では、親鸞の教えをねじ曲げた異端が発生した。親鸞は異端を説く人々を説得するために、善鸞を関東に派遣する。80歳を超える親鸞には、関東までの道のりは遠かったのだろう。

しかし、これが裏目に出た。善鸞は、親鸞の教えを最も身近に、じっくりと聞くことのできる立場の人物であるため、親鸞の代理を務める資格を備えていた。

しかし、善鸞は関東で、父親の代理以上のものを望んだようだ。善鸞は「自分だけが父・親鸞から密かに本当の教えを授かった。自分の説く教えこそ親鸞の真実の気持ちであり、関東の人々が長年にわたって信じていた念仏は、すべて偽物だ」と言いふらした。

親鸞の息子が言うのならと、善鸞の言葉を信じる者も多数現れ、関東の教団は揺れに揺れたという。

当然のことながら、関東の善鸞騒動は京都の親鸞の耳にも入る。ところが、子煩悩の親鸞は、初め信じようとしなかった。しかし真実だと気付くと、善鸞の主張を完全に否定し、「義絶状（ぎぜつじょう）」を出して親子

の縁を切った。それにより、いわゆる「善鸞事件」は一応の解決をみた。

では、親子の縁を切られた善鸞は、その後、どうなったのか。

善鸞は祈禱師の集団のリーダーとなった。だが、なぜか、かつて親鸞が書いた名号（仏陀や菩薩の称号）を首にかけて、絶えず念仏を口にしていたという。

善鸞が「自分だけが親鸞から授かった」と称した「善鸞秘伝」は、親鸞が強く否定したのにもかかわらず、秘事法門（かくし念仏）として一部の人たちに伝えられたといわれている。

一方で親鸞は、息子と絶縁した悲しみをぶつけるかのように著作に没頭し、後世の人々にその教えを残したのだった。

キリシタン大名・大友宗麟の子は〝家庭内宗教戦争〟のとばっちりを受けていた

1558年（永禄元）、義統は、大友宗麟の長男として生まれた。大友家は九州の名門で、父の宗麟は九州6か国の守護職を手中に収め、大友家に最盛期をもたらした戦国大名だ。

キリシタン大名として有名な宗麟だが、実は洗礼を受けたのは、隠居後の49歳のときと、意外に遅い。キリシタンに好意を示したのも、最近では貿易が目的だったとする説が有力ではあるが、来日したフランシスコ・ザビエルと接し、キリスト教布教を保護したのは事実である。

一方で、奈多八幡大宮司の娘である義統の母親は、大のキリシタン嫌いだったという。やがて、領内でキリシタンと神仏信者の対立が始まると、宗麟とその正室も、かたやキリスト教の最大の保護者として、かたや神仏信者の最後の砦として対立するようになる。

そんな家庭内宗教戦争ともいえる環境の中で、両親に奪い合いをされるような環境で育った義統は、キリシタンになったかと思えば弾圧者にもなるというような、自分の信念をもたない、臆病で優柔不断な男に育ってしまった。両親が2人とも亡くなると、その臆病な性格が不運を招く。

では、両親の死後、義統はどのような人生を送ったのか。

まず、宗麟が亡くなり、秀吉が九州を制圧すると、義統は本拠地であった豊後一国を安堵された。その後はキリシタンとなるが、禁教令が出されると一転して迫害する側に回った。

秀吉に命じられた朝鮮出兵では、誤報を信じて友軍の救援を断り、勝手に退却してしまう。義統および大友勢は「臆病者」の汚名を着せられたうえ、秀吉の怒りに触れて義統は改易となった。

　義統の身柄は山口の毛利輝元に預けられ、幽閉される、翌年には、水戸の佐竹氏のもとに移されたが、ここでも幽閉された。秀吉の死によって許されるも、義統の心根は何も変わっていなかったようだ。

　「関ケ原の戦い」では、旧領復帰を条件に西軍に味方するも、黒田如水の軍勢相手に敗戦が濃厚になると、旧臣たちの「ここは潔く討ち死にを遂げ、朝鮮出兵時の汚名を晴らしましょう」という涙ながらの懇願も退け、降伏。捕虜となった。

　この降伏によって、義統は汚名返上のラストチャンスを失い、屈辱の人生を送ることになる。

　その後、一命は救われたが、秋田の秋田実季のもとに送られてまたも幽閉される。実季が常陸に転封すると共に移り、幽閉を解かれないまま１６０５年（慶長10）に48歳で病没したという。

6章

意外や、アレが現存してるって?!

時代の証人となる「歴史的遺物」のその後

豊臣秀吉が残した莫大な「太閤遺金」は秀吉の死後、どうなった？

愛するわが子に多少なりとも財産を残してやりたいと、思う親は多いだろう。天下人・豊臣秀吉も、そんな親心をもっていた。「太閤遺金」とは、その名のとおり、秀吉が愛息の秀頼のために蓄財した遺産である。

秀吉は死期が迫ると、五大老（徳川家康、前田利家、毛利輝元ら、５人の有力大名）らに、まだ幼い愛息の秀頼と豊臣政権の行く末を託した。だが、その一方で、本拠地とする大坂城には莫大な軍資金を秀頼のために残したとみられている。自分が死んだら大きな戦が起こると予感していたのかもしれない。

秀吉は、信長よりも多くの富を築いていたといわれている。ならば、太閤遺金もさぞかし巨額であったと思われるが、いったいどのくらいの額だったのだろうか。

残念ながら総額は定かでない。だが、秀吉が関白になる前の１５８５年（天正13）４月には、大坂城に７０００枚（７万両）の金子を保管していたらしい。加えて、秀吉は生前に秀頼に金子９万枚、銀子16万枚の遺産を与えたという。

他にも、１５８９年に聚楽第で行われた、俗にいう「太閤の金賦り」においては、

6000枚の金子と2万5000枚の銀子を一族や大名、公家に分配していたこと、甥の秀次が関白に就任した際には1万枚の金子を与えたといわれることから、膨大としかいいようのない額の資産を残したと推測されている。

では、その巨額の太閤遺金は秀吉の死後、どうなったのか。

大部分は、85件に及ぶ寺社の修繕と築造に使われた。豊臣家の財産を減らしたい徳川家康が、秀頼と、秀頼の母の淀殿に負担を強いたとみられている。中でも、東山大仏(方広寺)再建の負担は大きく、秀頼は総額で45万700両も提供したという。

また、冬と夏の2度の大坂の陣における武器の購入や、傭兵への支払いなどの戦費にも、おびただしい金銀をつぎ込んだ。

どれほど太閤遺金が巨額であっても、これほど大きな出費が続けば、さすがに大坂城の蔵も空になるだろう――と、世間では噂された。ところが太閤遺金は、人々の予想をはるかに超える額だったようだ。

「大坂夏の陣」で豊臣が滅んだ際に落城した大坂城の焼け跡からは、2万8060枚の金と2万4000枚の銀が発見されたという。85件の寺社の修繕・築造費用を支払っても、2度の大坂の陣を経ても、太閤遺金はまだまだ残っていたのだ。

なお、発見された金銀は徳川氏に没収された。

石川五右衛門の釜茹での刑に使われた「釜」が〝いくつも残っている〟謎

石川五右衛門は、歌舞伎、浄瑠璃、講談などの主人公として人気を博した。「絶景かな、絶景かな」と、京の南禅寺で大見得をきるシーンは、あまりに有名である。

そのせいか、架空の人物と思われがちだが、五右衛門は複数の文献で確認ができる実在の人物である。

ただし、義賊ではない。公卿の山科言経の日記『言経卿記』、幕府儒官の林羅山の編纂した『豊臣秀吉譜』、スペインの貿易商アビラ・ヒロンの報告書『日本王国記』などによれば、京都、伏見、堺などの町を荒らし回り、追いはぎや強盗を繰り返す、凶悪な窃盗犯である。

ましてや、日本転覆を狙った明の皇帝の子だとか、明智光秀に育てられて光秀の仇を討つために豊臣秀吉を狙っていたとか、豊臣秀次の重臣に頼まれて秀吉の抹殺に乗り出し、あと一歩のところまで迫ったなどの逸話は作られたもののようだ。

さて、石川五右衛門といえば、真っ先に思いつくのは「釜茹での刑」だろう。

こちらは史実のようだ。1594年（文禄3）8月、一味徒党と共に逮捕された五右衛門は、京都の三条河原で「釜茹での刑」に処されたと伝わる。

だが、われわれがイメージするように、熱湯で茹でられたのではなく、油で煮られた可能性もある。当時の極刑には、罪人を沸騰した湯や油の釜の中に入れて煮殺す「釜煎り」があり、先出の『日本王国記』にも「油で煮られた」と記されているからだ。

油か熱湯かはともかく、五右衛門は母親や7歳の実子とともに、釜で煮殺された。処刑に使われた釜は、寺院などで煮炊きに使う大釜だったという。

では、その釜はどうなったのか。

戦前まで保存していたが、戦時中の鉄の供出などで手放したと伝わる刑務所など、五右衛門を釜茹でにしたといわれる釜は、いくつも存在する。だが、どれが本物なのか、その中に本物があるのかどうかもわからない。今後の研究成果を待つばかりである。

信長が築いた「安土城」は本能寺の変の後、どうなったのか

安土城とは、天下統一を目前にした織田信長が、その威信をかけ、3年の月日を費やして安土山に築き上げた天下の名城である。

1579年（天正7）に完成したとされる安土城は、当時のキリスト教宣教師たちの描写によると、地上6階地下1階の天主（天守閣）を備え、外部の各層は違った色で塗り上げられていた。内部も豪華で、柱には金箔がはられ、障壁には狩野永徳の絵が描かれていたという。

なお、「安土」という名称は信長自身が命名したとされている。築城した山にあった「安土寺」という名の寺院から取ったという（平井聖著『日本城郭体系』新人物往来社）。

さて、この安土城だが、完成からわずか3年後に城主を失うことになる。1582年（天正10）に「本能寺の変」が勃発し、信長が明智光秀に討たれてしまうからだ。その後、光秀の重臣で女婿の明智秀満率いる明智軍が安土城を占拠する。しかし、「山崎の戦い」で光秀が秀吉に敗れると、明智軍は安土城から撤退した。

この直後、秀満が退却の際に放火したとも、信長の次男・信雄の兵が明智の残党狩りのために城下に放った火が移ってしまったとも、城下で蜂起した民衆による放火ともいわれる、謎の出火に見舞われる。

これにより、安土城は大炎上して跡形もなく燃え尽き、信長のあとを追うように滅び去った――と思われがちだが、そうではない。焼失がどの程度だったかは定かでないが、一説によると、焼けたのは天主の一部であったという。

では、その後、安土城はどうなったのか。

安土城はその後もしばらくの間、織田家当主の居城としての役割を果たしていく。信長の次男、三男、あるいは「清洲会議」（織田家の重臣が集まり、信長の後継者を決めた会議）で後継者と定められた三法師（信長の孫、のちの秀信）が在城した。安土城の城主こそが信長の後継者だと、天下にアピールできるからだろう。

ゆえに、1585年（天正13）に秀吉が関白に就任し、名実共に天下人となると、安土城はその役目を終える。秀吉の甥の秀次が安土城近くの八幡山に城を築き、そこに安土の城下町は移された。同時に、おそらく城内の建築物も移築されたのだという。

ここに安土城は廃城となり、短い歴史に幕を下ろしたのだった。

日本に初めて伝来した「仏像」のその後の行方とは？

仏教は、紀元前5世紀頃のインドが発祥だ。

日本への伝来の年代については二つの代表的な説があったが、現在では538年とするのが主流である。当時、高句麗（こうくり）の攻撃によって絶体絶命の危機に陥っていた百済（くだら）の聖明王（せいめいおう）が、日本の援軍を得るために経典や仏像を献上したのが始まりだという（ただし、こちらは「公」のレベルの話で、民間では、538年より早く伝来し信仰も始まっていたとみられている）。

さて、仏教伝来とともに日本へ初上陸した仏像は、その後どうなったのか。現存し、どこかの寺社で大切に祀られているのだろうか。

答えは否である。初伝来した仏像は、日本はおろか、世界中のどこにもない。なぜなら、なんと川に捨てられてしまったからだ。

なぜ、これほど貴重な歴史的遺物が川に捨てられるはめになったのか。その原因は、「崇仏（すうぶつ）戦争」にあるといわれている。

新しいものが入ってくると、それを取り入れるべき否か、賛否両論が噴出するものだ。仏教も同じで、日本に伝来すると、蘇我氏を中心とする仏教を受け入れる「崇仏派」と、物部氏が率いる、受け入れない「廃仏派」に分かれて対立した。これが崇仏戦争である。

欽明天皇は、仏教崇拝を公的には認めなかったが、蘇我氏が私的に礼拝するのは許可したという。そこで、崇仏派の中心人物である蘇我稲目は、伝来した仏像を預かり、自宅を寺にして祀りはじめた。

すると疫病がはやり、多くの人間が亡くなった。当然のことながら、「日本の昔からの神様をないがしろにして、異国の神をあがめた祟りだ」と排仏派は物部尾輿や中臣鎌子を中心に主張した。

天皇も祟りを恐れたのか、役人を派遣し、寺に火をかけた。そのとき、仏像も難波の堀江に捨ててしまったという。こうして、日本に初めて伝わった貴重な仏像は川に消えたのだった。はかりしれないほどの価値があるだけに、もったいない話ではある。

また、584年に伝来し、蘇我馬子が手に入れた仏像も、あがめた後に疫病が蔓延したため、難波の堀江に流されたという。古代日本は意外にも、仏像にとっては受難の時代であったようだ。

平賀源内の運命を狂わせた「エレキテル」、やはり捨てられてしまった?

「天は二物を与えず」というが、世の中には二物どころか、三物、四物、あるいはそれ以上の才能を与えられた天才がいる。江戸時代中期に活躍した平賀源内(ひらがげんない)も、そんなマルチな天才の1人だ。

「和製レオナルド・ダ・ヴィンチ」とも呼ばれる源内は、発明をしたかと思えば、西洋画法を使って日本史の教科書に載るほどの油絵を描いたり、小説を書いては大ベストセラーを出したり、日本各地を訪れては鉱山開発をしたり、陶器や炭焼きの指導をしたり、商品のネーミングやキャッチコピーを作ったりと、まさにオールマイティな才能を発揮した。

その才能を活かし、もぐさ点火用火付器(ライター)、量程器(りょうていき)(歩数計)、火浣布(かかんぷ)(耐熱織物)、方位磁石、下剤に利尿剤など、多種多様な創作物を生み出しているが、源内といえば、なんといっても「エレキテル」だろう。

エレキテルとは「摩擦起電機(まさつきでんき)」――つまり、摩擦によって静電気を発生させる装置で、医療器具であった。名の由来は、オランダ語のelektriciteitだ。これが訛(なま)ってエレキテルとなった。

源内の手による発明品の代表作のようにいわれているが、実は彼が最初に発明したわけではない。

1770年（明和7）に源内は長崎で通詞（通訳）の西善三郎から、故障したエレキテルを修理方法もわからぬまま譲り受け、1776年（安永5）に修復、模造に成功したのだ。

平賀源内作のエレキテル（郵政博物館所蔵）

源内はエレキテルを見世物として使った。火花が散り、触るとビリッと痺れるエレキテルは大評判となり、源内の名を一躍世に知らしめた。

ところが、源内を破滅へと導いたのも、エレキテルであった。

もともとエレキテルをはじめとする源内の創作物は、人々を驚かせても実用的には何の役にも立たず、源内は変わり者と見られることが多かった。進歩的すぎて、当時の人々には理解できなかったのだろう。

さらに、弟子の弥七が源内の名をかたり、エレキテルの制作費用と称して金を集めたが、結局失敗して詐欺罪で訴えられた。源内が悪いわけではないが、この事件のせいで源内のイメージは大幅にダウンする。エレキテルの原理を説明できないことも加わって「源内は山師だ」との評判が広まってしまう。

自分を認めてもらえない不満からか、この頃から源内は、精神のバランスを崩していく。奇行が目立つようになり、ついにはちょっとした勘違いから殺人まで犯してしまうのだ。

源内は捕らえられ、獄中で破傷風にかかり死亡したという。享年52。時代の先を行きすぎた天才の早すぎる死である。

では、その後、エレキテルはどうなったのだろうか。

実は、なんと現存しているのだ。源内作のエレキテルは、東京の郵政博物館と、香川県さぬき市志度の平賀源内記念館に保存され、当時は理解されなかった作り手の素晴らしさを現在に伝えている。

「出雲大社の本殿」は創建時の4分の1になっていたって?!

縁結びの神として知られる島根県出雲市の広大な神社の名を問われれば、たいていの方が「出雲大社（いずもたいしゃ）」と即答するだろう。

しかし、正式には「イズモオオヤシロ」と読む。しかも、現在の名称になったのは、１８７２年（明治５）と、明治時代に入ってからのことである。それまでは「杵築大社（きづきのおおやしろ）」と呼ばれていた。

また、祭神も時代とともに変わっている。当初は大国様として、あるいは因幡（いなば）の白ウサギ神話で有名なオオクニヌシであったが、平安時代からはスサノオとなり、１６６４年前後にオオクニヌシに戻っているのだ。

さて、出雲大社とは、いつ、誰が、どのような目的で建てたのか。

出雲大社の創建は『古事記』や『日本書紀』によると、はるか神代の時代に遡る（さかのぼる）。オオクニヌシが高天原（たかまがはら）のアマテラスに国を譲り、そのときに造られた壮大な神殿（本殿）が出雲大社の始まりだといわれている。

出雲大社の本殿の規模は、今でも神社建築の中では日本一を誇るが、伝承によると創建時は、なんと高さ32丈（約96メートル）であったという。

また、平安時代中期の文人・源為憲（ためのり）編纂『口遊（くちずさみ）』には、同時代の建築物を高さ順に並べたと考えられる記述がある。それによると、ランキングの1位は出雲大社で、以下東大寺大仏殿、平安京大極殿と続く。

平安時代の東大寺大仏殿の高さは約45メートルとされているので、出雲大社はそれよりもはるかに高かったことになる。これらは、当時の技術では建築が不可能とみられていたため、単なる伝承にすぎないと考えられてきた。

ところが、2000年（平成12）に、直径約1・3メートルの大木3本を組み合わせた巨大な柱の根本部分が発見されたことにより、創建時の本殿の大きさが、ある程度、証明された。現代の出雲大社本殿は高さ8丈（約24メートル）。伝承が正しければ、創建時の4分の1の高さである。

では、創建後、出雲大社はどのようにして現代の高さになったのか。

神代から続く長き歴史の間に、太古は32丈、中古は16丈（約48メートル）、近古は8丈（約24メートル）と、徐々にコンパクトになっていったとみられている。

その理由は、平安～鎌倉時代の約200年の間に、7回も倒壊したからだ。「理由なく倒れた」と記録されているため、高層建築ゆえの悲劇なのか、地震や台風、竜巻などの自然災害によるものなのか、人為的な攻撃によるものなのかは不明である。

東大寺の大仏開眼供養に2度も使われた「筆」は、今どこにある？

仏像・仏画などが新しく作製されたり、修理されたりしたとき、眼を入れて魂を迎え入れる儀式や作法を行うことを「開眼（かいげん）」と呼ぶ。この儀式を経て、霊力をもつ尊像となるのだ。

また、大規模に行われた開眼の儀式を「開眼供養」という。日本で最初に盛大に行われたのは、752年（天平勝宝（てんぴょうしょうほう）4）4月9日の東大寺の大仏開眼供養である。ここでは、平城京最大のイベントで大仏に目を入れた、巨大な「筆」のその後を取り上げたい。

深く仏教を信仰した聖武（しょうむ）天皇は、743年（天平15）、盧遮那仏（るしゃなぶつ）――すなわち、現代の奈良の大仏を創設する詔（みことのり）を出し「一枝の草、一把（ひとにぎり）の土を以て像を助け造らんと情（こころ）に願わば、恣（ほしいまま）に之を聴（ゆる）せ」と民衆に呼びかけ、長い月日を経て開眼供養のイベントを迎えた。

式典には、約1000人の供養を行う僧侶の他に、貴族、官人ら1万人に及ぶ人々が集まったという。

ここは自分の手で目を入れたいところだが、聖武天皇は病で筆をとれないほど体が弱っていた。そこで選ばれたのが菩提僊那（ぼだいせんな）というインド人僧侶だった。

菩提僊那はインドのバラモン階級の出身で、若い頃に唐に渡った。そこで遣唐使の要請をうけて来日、奈良の大安寺に入り、のち僧正（そうじょう）となった。呪術にもすぐれ、婆羅門（ばらもん）僧正と呼ばれたという。菩提僊那が選ばれた理由は、他の誰よりも大仏について理解が深かったからだとみられている。

菩提僊那は、直径4センチ、長さ57センチという巨大な筆をとり、大仏に目を描いていく。このとき、筆に結びつけられていた「開眼縷（る）」と呼ばれる白と紫の長い縄を聖武天皇は握った。この縄は大仏殿の外までも伸びていて、集まった多くの人々がこの縄

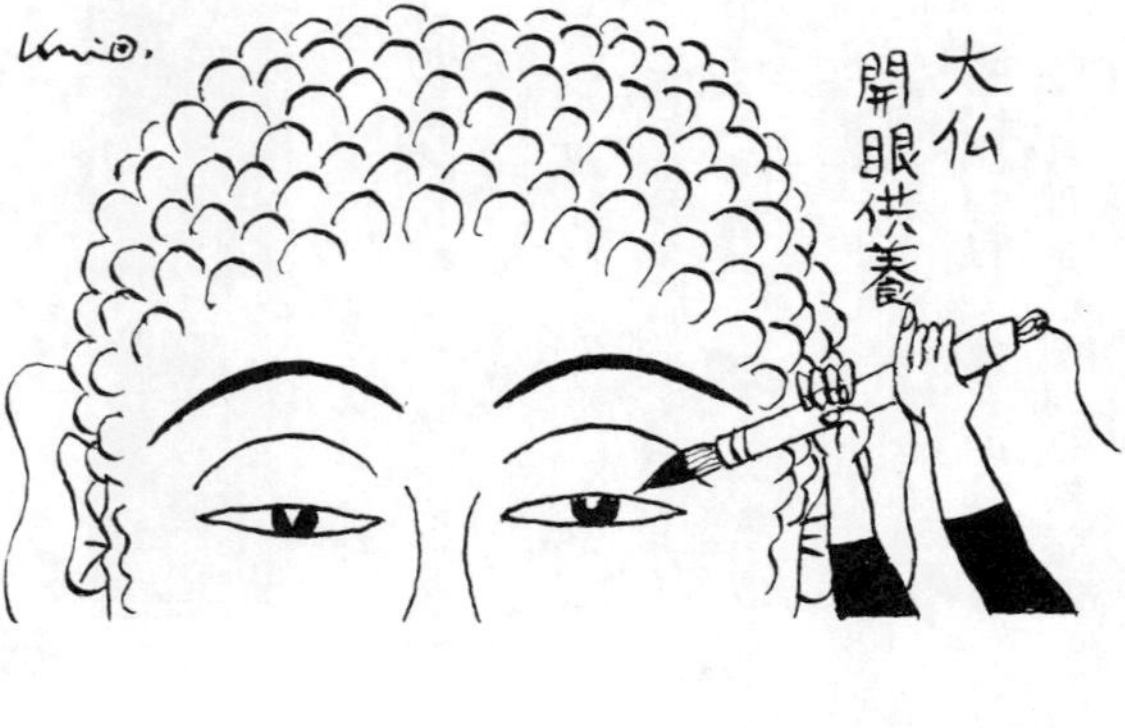

によって、仏縁に結ばれたという。まさに大イベントであった。

では、この大イベントに使われた巨大な筆は、その後どうなったのか。

実は、なんと現存しているのだ。筆は、743年の式典で使われたのちに、聖武天皇の遺愛品および東大寺の寺宝、文書類などが保管される正倉院に納められた。

その後、1180年（治承4）に焼き打ちに遭った東大寺が再建されたときに後白河法皇が開眼供養に再び用いた。その後はまた正倉院に大切に保管されている。

今後、3度目の登場はあるのだろうか。

石田三成が愛用した「2本の刀」は三成の死後どうなった？

石田三成は、軍事よりも内政や吏務にすぐれた、いわゆる「文治派」の知将だが、刀剣には執着があったという。そんな三成が、常に腰に帯びていた刀が「石田正宗」だ。鎌倉時代に造られた日本刀で、刃長約68センチ、大きな3か所の切り込み傷があることから、「切り込み正宗」とも呼ばれる。

名匠・正宗の作とされ、豊臣政権下の五大老の一人・宇喜多秀家が400貫で召し上げ、三成に贈ったものとみられている。

ちなみに正宗とは、鎌倉時代末期の刀工だ。岡崎五郎入道と称し、相模（神奈川県）鎌倉に住み、相州伝を完成させる。確実な在銘の作品はごく少ないが、刀工の代名詞的な存在で、織田信長や徳川家康にも愛好されたという。

では、名刀・石田正宗は、どうなったのか。三成は刀を生前手放しているのだが、意外な武将の手に渡っているのだ。

　秀吉の没後、加藤清正や福島正則らいわゆる「武断派」の七将に襲撃された三成は、対立していた家康に、助けを求めざるを得ない状況に追い込まれた。家康からの保護はかなうが、代わりに三成は辞職させられ、領地の近江佐和山城に帰されることとなる。そのとき、家康が佐和山までの護衛としてつけたのが、家康の次男にして秀吉の養子となった結城秀康である。

　三成は、近江の勢多で秀康の護衛を断った。そして、ここまでの厚意に感謝の気持ちを表すべく、石田正宗を贈ったという。三成の愛刀は、のちに関ケ原の合戦で三成を滅ぼす家康の息子の手に渡ったのだ。

　また、三成にはもう一本、大事な刀があった。「石田貞宗」と呼ばれる、鎌倉時代に造られた脇差しだ。その名のとおり、正宗の実子とも養子ともいわれる貞宗の作とされるこの脇差は、秀吉から贈られたものである。三成にとっては、命の次に大事な刀であったはずだ。

その石田貞宗が他人の手に渡るのは、1600年（慶長5）に起きた天下分け目の大合戦「関ケ原の戦い」での敗戦後である。佐和山へ逃れる途中、三成は徳川側の武将・田中吉政（よしまさ）に捕らえられてしまう。そのとき、三成は吉政に石田貞宗を与えたという。

石田正宗も、石田貞宗も、幾多の人間の手を経て、現在は共に東京国立博物館に所蔵されている。

古墳の後、豪族の権力を象徴するために造られた意外なものとは？

古墳の定義は難しいが、一般的には古代に造られた「墳墓（ふんぼ）」と呼ばれる死者を埋葬した築造物を指す。

しかし、考古学的には、いわゆる「古墳時代」と呼ばれる、弥生時代終末の3世紀末～7世紀に建立された、土を高く盛り上げて造られた豪族などの有力者の墓を意味する。なお、中世や近世の盛り土の墓は、中世墳墓、近世墳墓と呼んでいる。

古墳はその形によって「前方後円墳（ぜんぽうこうえんふん）」、「円墳（えんふん）」、「方墳（ほうふん）」、「前方後方墳（ぜんぽうこうほうふん）」の4種類に大きく分けられる。

この四つのタイプの中で、もっともランクが高いのは「前方後円墳」だ。仁徳天皇陵で有名な、鍵穴の形をした古墳である。「古墳」と聞くと、この形が真っ先に思い浮かぶに違いない。

3世紀中頃に成立した前方後円墳は、大王とその一族、および、大和政権と深い繋(つな)がりをもつ有力首長が埋葬されたとみられている。

3世紀、大和を本拠とする政権が成立すると、この前方後円墳をメインとする古墳とその「墓制(ぼせい)」(埋葬の風習)を作り出し、それが大和政権の支配各地に広がっていった。地方の首長たちは、前方後円墳を築くことにより、大和政権との繋がりを支配地の人々に見せつけ、地方支配の正当性を示したのだという。

前方後円墳は、交通の要所や港に面した目立つ場所に築かれ、巨大化し、権力誇示のためのモニュメントの役割を果たしていく。古墳は権力の象徴だったのだ。

しかし、聖徳太子の登場などによって中央政府の力がより確かなものとなるにつれ、畿内では古墳の規模は小さくなっていく。また5世紀後半には「死後、遺体と魂が分離する」という霊魂観が成立し、死者の肉体を墓に封じ込めるという前方後円墳祭祀も根底から覆(くつがえ)った。

646年（大化2）に「薄葬令」という墳墓や葬儀の規模に制限を加える勅令も出され、地方では古墳は造り続けられるものの、古墳の縮小化に拍車をかけた。やがて火葬の風習が広まり、702年（大宝2）に没した持統天皇が、翌年に天皇として初めて火葬された。日本の最高主権者が火葬を採用したことにより、古墳の意味はなくなり、古墳時代は終わりを告げたのだった。

しかし、豪族たちは古墳に代わる権威の象徴として、ある意外なものの建設を始めた。では、古墳の後に造られた権力の象徴とは何なのか。

豪族たちが、古墳に代わる権威の象徴として選んだのは「氏寺」であった。蘇我氏の飛鳥寺（法興寺）は、その代表例である。

黒田節にも歌われた「槍」は飲み取られてからどうなった？

日本号とは、刃長79・2センチ、全長321・5センチの大身の槍だ。中央の溝に、剣と龍をモチーフにした浮き彫りが施されている。作者は不明であるが、御手杵、蜻蛉切と並んで「天下名三槍」に数えられる。

天下の名槍に相応しく、その来歴は華やかだ。

もともとは天皇家の所蔵品で、正親町天皇（在位1557〜1586年）から、室町幕府最後の将軍・足利義昭に譲られた。その後は信長、秀吉という2人の超大物を経て、秀吉の子飼いの家臣・福島正則の手へと渡った。

日本号は、さらに福島正則から、黒田長政（官兵衛）の家臣・母里太兵衛の元へと移る。このときの有名なエピソードは、以下のとおりである。

ある日、黒田家の使いとして正則を訪ねた太兵衛は、正則から「ご苦労であった」と酒を強くすすめられた。だが、太兵衛は「飲めませぬ」と固辞する。「黒田家一の酒豪」といわれる太兵衛は、主君の長政から禁酒を命じられていたからだ。

すると、正則は「これを一気に飲み干せば、褒美は望みのままだ」と大杯になみなみと酒を注ぐ。太兵衛は「然らば」と大杯の酒を一気に飲み干し、望みの品である日本号を手に入れたという。

この「黒田節」にも謡われたエピソードは多くの方が知るところだろう。しかし、太兵衛が飲み取った日本号がどうなったかをご存じの方は少ないに違いない。

では、太兵衛が飲み取った名槍日本号は、その後、どうなったのか。

一説によると母里家から離れ、明治期に借金のかたとして大野仁平という侠客に渡った。それを買い戻したのが、福岡藩士で実業家の安川敬一郎男爵である。

明治41年、安川男爵は、1万円という大金（現在の価格に換算すると2億円以上とされる）で日本号を買い取り、

「日本号は福岡を離れてはいけない」

と、黒田家に献上したという。

その後、黒田家から福岡市博物館に寄贈される。現在は、博物館の目玉の一つとして、多くの来館者の目を楽しませている。

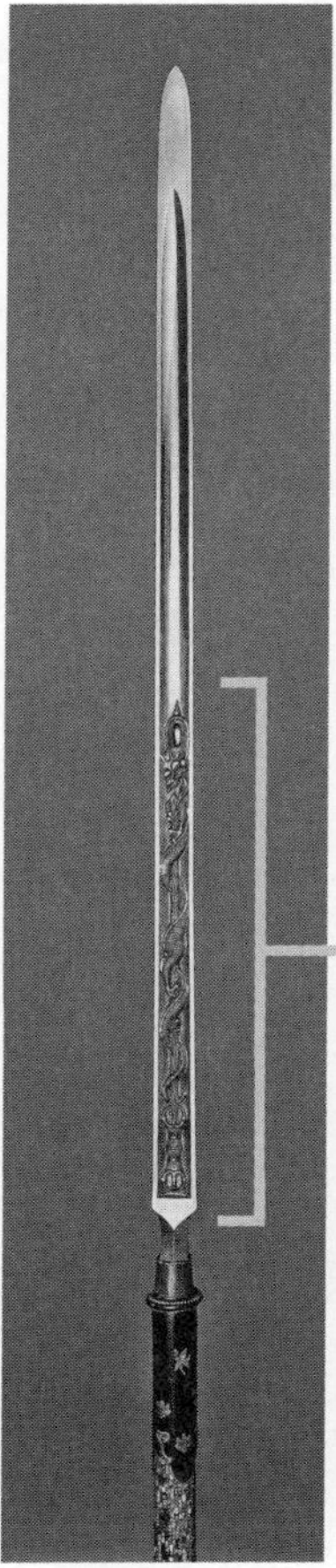

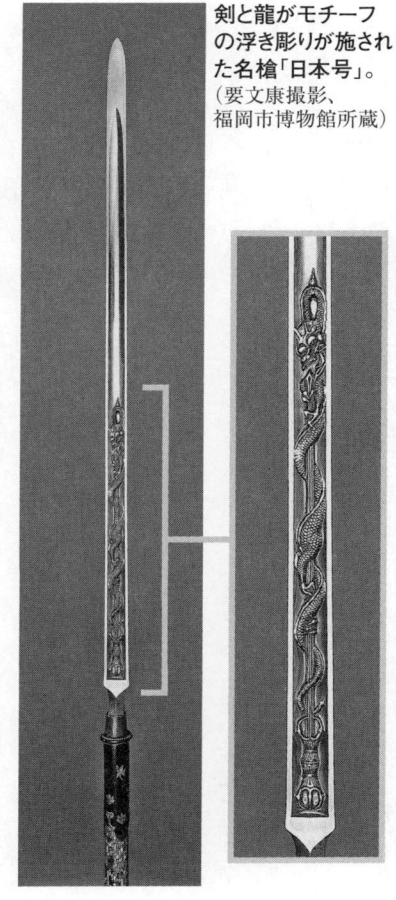

剣と龍がモチーフの浮き彫りが施された名槍「日本号」。
（要文康撮影、福岡市博物館所蔵）

文明開化のシンボル「鹿鳴館」は閉鎖後、どうなった？

鹿鳴館の「鹿鳴」とは、中国最古の詩集『詩経』中の「鹿鳴の詩」に由来し、宴会で客をもてなす音楽、または宴会そのものを指す。

鹿鳴館の名称からもわかるように、鹿鳴館は接待の場である。江戸幕府が諸外国と結んだ不平等な条約の改正を目指し、交渉をスムーズに、かつ有利に進めるために元薩摩藩の屋敷跡（千代田区内幸町、帝国ホテルの隣地）に建てられ、日本政府の要人や諸外国からの賓客のための、いわゆる社交場であった。

建設計画は、井上馨外務卿（後の外務省）を中心に進められ、1883年（明治16）に完成。設計者は、数々の日本近代建築家を育て、後に「日本近代建築の父」と称されることになるイギリス人コンドルだ。

総建坪は、1450平方メートル。ネオ・バロック様式を基調としたレンガ造りで2階建ての本館という、堂々とした建物だったようだ。落成パーティーには、内外の名士が1200人も集まったという。

鹿鳴館では、華やかな園遊会、舞踏会、仮装会、婦人慈善会（バザー）などが頻繁に開催され、欧化主義のシンボルとなった。

しかし、しょせんは「付け焼き刃」の欧化である。フィンガーボウルの水を飲んでしまうような名士もいたし、欧米人には着慣れぬドレス姿でダンスに興じる日本人は滑稽（こっけい）に映ったようだ。欧米人からの評判はあまりよくなかったらしい。庶民からは「夜会は風紀を乱す」などの批判や、「日本語は全部ローマ字表記にすべし」などの行き過ぎた欧米化政策への反発も高まった。

加えて、井上馨は肝心の条約の改正に失敗したことで政府の内部からも批判を浴び、内閣から去った。鹿鳴館の完成から、わずか3年半後のことである。

こうして、いわゆる鹿鳴館時代（１８８４～８７年）は終わりを告げ、鹿鳴館自体も、開館から7年後の１８９０年に閉鎖された。

では、その後、鹿鳴館はどうなったのだろうか。

建物は華族会館に払い下げられ、名称も「華族会館」に変わった。さらに日本徴兵保険会社、内国貯金銀行などが使用し、１９４１年（昭和16年）に解体された。

取り外された階段と壁紙は東京大学工学部建築学科に、売却されたシャンデリアが灯明寺（江戸川区）に残り、跡地に立つビルの壁に「鹿鳴館跡」のプレートが華やかな日々の名残を伝えているものの、建設当初には思いも寄らぬ姿に違いない。

奈良の都「平城京」は、平安遷都後はやはり忘れ去られた？

奈良は、古くは「添（そふ）」と呼ばれ、「那羅」「寧楽」「及楽」などとも表記され、平城京の時代には「平城」と書いて「なら」と官用では呼んでいたという。

さて、その平城京だが、７１０年（和銅（わどう）３）に元明（げんめい）天皇が藤原京より都を移し、７８４年（延暦（えんりゃく）３）に桓武（かんむ）天皇が長岡京に遷都するまでの間、現在の奈良市西方に営まれた都を指す。途中、幾度かごく短期間の遷都はあったものの、約70年の間、朝廷が置かれていた。

なお、長岡京が都だった期間は10年と短いため、奈良時代というと７１０年〜７９４年に、京都の平安京に遷都されるまでを指すことが多い。

では、平城京とは、どんな都だったのか。

平城京は碁盤の目のように広がる中国式の都市だった。その中心は天皇の居住スペース、および政府の官庁が置かれた「平城宮」である。平城宮は平安京の北部中央に造られ、その規模は東西１・３キロ、南北１キロを占めた。天皇の住まいである内裏（だいり）や、公的な政治・儀式の場である朝堂院の他、たくさんの役所が立ち並んでいたという。

この平城京で唐や朝鮮、さらには遠くペルシャなど異国の人々との交流も行われ、日本の文化・芸術は大きく開花していく。美術史では天平時代と呼ばれ、聖武天皇の時代に最盛期を迎えた。

しかし、御所など平安京の面影が色濃く残る京都に対して、奈良には寺院などは残っていても、宮殿などの都の名残はあまり見られない。

では、都が移ったのち、平城京はどうなったのか。

実は平安時代になってからも、平城上皇が平城京に遷都しようとする動きがあったくらいで、遷都後すぐに消滅したわけではないようだ。しかし、しだいに人々が去り、平城京の多くは開田化――ようするに「田んぼ」になったのだ。平城宮も例外ではなく、跡地は田畑と化し、その所在地すら忘れ去られたという。

そんな旧都に再びスポットライトが当たるのは、江戸時代末期のこと。山陵研究家の北浦定政の実測研究によって、平城宮の規模が明らかになったのだ。

奈良市観光協会の公式ホームページによると、その後、紆余曲折を経て、1959年（昭和34）より奈良国立文化財研究所により本格的な調査が進められた。30分の1の調査を終え、宮殿や役所の跡が次々と明らかになったという。

権力者が競って欲しがった名香「蘭奢待」がたどった痛々しい運命とは？

香木とは、いい香りをもつ樹木の総称で、日本には仏教とともに伝来した。日本では産出されず、東南アジア諸国などからもたらされたという。

ひと口に香木といっても、現代のフレグランスにもどことなく安っぽい香りと高級感のある香りがあるように、香木にもピンからキリまであるが、ピンに属する良質の香木の代表例として「沈香（じんこう）」が挙げられる。その名のとおり、良質のものは比重が大きく、水に沈む性質をもつ。

沈香は極めて古い時代より、西洋でも東洋でも珍重された。聖書にも多くの記述があり、ナポレオン一世も薫（くん）じたという。

沈香の中でも優品を「伽羅（きゃら）」と呼ぶ。さらに伽羅の中でも極上品と称される香木が「蘭奢待（らんじゃたい）」である。蘭奢待は、別名を「黄熟香（おうじゅくこう）」といい、日本に現存する木片の香材の中では最古のものだ。東大寺正倉院に納められた宝物（ほうもつ）の一つであり、奈良時代の聖武天皇の治世（724〜749年）に、中国から伝わったとされる。

全長は156センチ、幹回りは最大で42センチと巨大だ。ところが、重さは11・

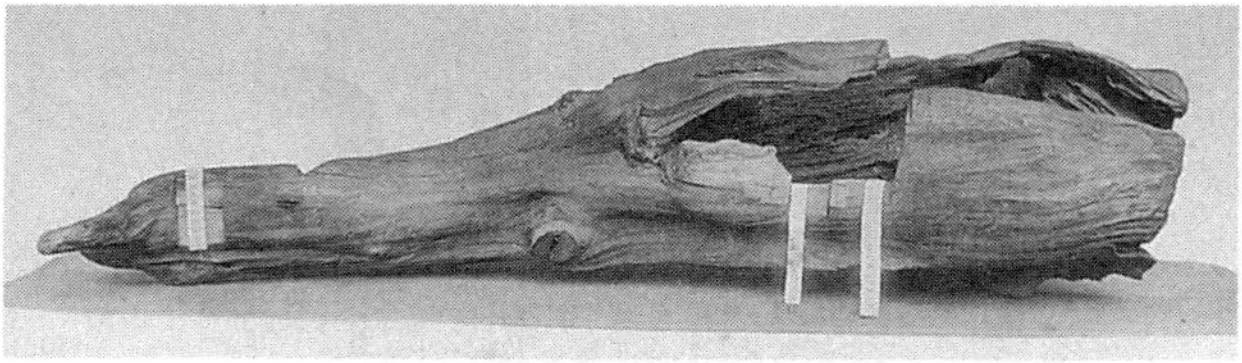

正倉院に納められた「蘭奢待」

5キロしかない。中は空洞だからだ。香りがいいだけではなく、鎮静や、痰を取り除くなどの薬効もあるという。

「蘭奢待」の名の由来は、一説によると、伝来当時のインドで人を褒めるときに使う言葉「ランジャタイ」からきているそうだ。その芳香に感激した聖武天皇が命名し、のちに「蘭奢待」の漢字を当てたといわれている。

なお、「蘭」に東、「奢」に大、「待」に寺と、蘭奢待の文字には「東大寺」の3文字が隠されている。そのため、別名を「東大寺」という。

では、正倉院に納められた後の蘭奢待は、どうなったのか。

これが、かなり気の毒なのである。蘭奢待は権力者たちの垂涎の的だった。そのため、その時々の権力者によって削り取られていったのだ。

室町幕府3代将軍・足利義満、6代将軍・足利義教、8代将軍・足利義政が少しずつ切り取っているが、切り取りで最も有名なのは、織田信長だろう。

信長は自身の滞在する多聞城まで蘭奢待を運ばせ、一寸（約30センチ）四方を2か所切り取った。そして、一つを朝廷に献上し、一つを自分のものとしたという。

その後、明治天皇が切り取ったのを最後に、蘭奢待は現在でも正倉院に大切に保管されている。今も蘭奢待には、数か所ほど切り取った跡が残っているという。

バルチック艦隊を対馬沖で発見した哨戒船「信濃丸」の意外な〝後半生〟

日露戦争のハイライトといえは、なんといっても「日本海海戦」だろう。

日本海海戦とは、1905年（明治38）5月27日から翌日にかけて、東郷平八郎（とうごうへいはちろう）率いる連合艦隊が、ロジェストベンスキー率いるバルチック艦隊を対馬沖で迎え討った大海戦である。この海戦に日本側は圧勝し、日露戦争における日本の勝利を決定的にした。この歴史に残る大海戦で、最初にバルチック艦隊を発見したのが信濃（しなの）丸である。

では、信濃丸とはどのような船なのかというと、元来は日本郵船所属の貨客船だ。

1900年（明治33）にイギリスのグラスゴーで製作され、総トン数6388、速力15ノット、船客定員238人の信濃丸は、当初、日本郵船所有の最大型船としてアメリカ（シアトル）航路を就航していた。

だが、1904年に日露戦争が勃発すると、陸軍御用船となって輸送任務に就き、ついで仮装巡洋艦として東シナ海で哨戒（しょうかい）――すなわち、敵の攻撃に備えての見張り役を務めた。

そして翌年の5月27日未明、信濃丸は長崎県五島列島で、対馬海峡に差しかかった一隻の汽船を発見する。信濃丸は接近し、この汽船がロシアのバルチック艦隊の一部、病院船（船名アリヨール）であることを確認する。

さらに接近したところで、白みはじめた水平線上にバルチック艦隊を発見したのだ。このときただちに打った「敵艦見ゆ」の電報は、あまりにも有名である。

その後も信濃丸は敵艦隊の動向を通報し続け、日本連合艦隊の出動の機を適切にし、日本海海戦の大勝利への大きな布石となったという。その功績により、東郷平八郎連合艦隊司令長官から感状を授けられた。

では、その後、信濃丸はどうなったのだろうか。

日露戦争後、信濃丸は日本郵船に復帰し、1923年（大正12）に近海郵船に所属を変えた。その後、日魯漁業会社に売却され、系列会社の管理下のもと改造を受け、なんと鮭鱒工船に生まれ変わったのだ。

さらに信濃丸は働き続ける。第二次世界大戦中に輸送船としておもむくと戦火を免れ生還、戦後は引き揚げ船として活躍した。

しかし、働きづめの船体は激しく老朽化が進んでいたため、1951年(昭和26)に、ついにスクラップにされる。竣工から51年、貨客船、輸送船、哨戒船、鮭鱒工船、そして引き揚げ船として、まさに八面六臂(はちめんろっぴ)の活躍で日本を支え続けた信濃丸の、静かなる終焉(しゅうえん)であった。

長寿の妙薬「人魚の骨」を飲んだ国学者・平田篤胤は長生きできたか?

人魚はもちろん空想上の生物だ。だが、誰もがその存在に憧れるのか、はたまた本当は実在するのか、さまざまな人魚伝説が世界各地に伝わる。ちなみに、一般的な人魚は上半身が人間、下半身が魚であるが、地域と時代によっては上半身が魚、下半身が人間とする伝承もあるようだ。

わが国にも人魚を見たという記録が古くから残っている。見ただけでなく「食べた」という話も伝わる。食べた結果、800歳までも長生きしたという。

人魚の肉を食べると長寿を得られるようだが、骨も不老長寿の薬とされている。

その人魚の骨を削って飲んだという、著名な人物がいる。江戸時代後期の国学者・平田篤胤だ。

国学とは『古事記』『万葉集』などの日本の古典を研究し、儒教や仏教が渡来する以前の日本固有の思想・精神を究めようとする学問である。江戸時代中期から後期にかけて発達した。尊王攘夷運動に影響を与え、国学を学んだ人々の中から志士や志士に協力する人々が登場している。

平田篤胤は国学者の中でも、荷田春満、賀茂真淵、本居宣長らとともに「国学四大人」の1人に数えられ、篤胤の提唱する「尊皇復古」は明治維新以降に採用された「国家神道」の中心となった。

だが、儒教と仏教を徹底的に攻撃したため、幕府の儒官に恨まれた。篤胤の書は出版差し止めとなり、1841年（天保12）、江戸から郷里の秋田へと退去させられている。

篤胤が問題の「人魚の骨」と接触したのは、秋田でのこと。翌年の3月23日、篤胤は秋田藩の元家老の大病を全快させた礼として、秘蔵の「人魚の骨」を譲り受けたのだ。約30センチの人魚の骨を薄く削って煎じたものを、篤胤は不老長寿を祈って飲み干したという。

では、その後、篤胤は長生きできたのだろうか。残念ながら、翌年の閏9月11日に68歳で亡くなっている。

一説によると、江戸時代は乳児の死亡率が高かったため、平均寿命は30~40歳だったという。人魚の骨の効果はあまりなかったかもしれないが、十分に長生きできたといっていいだろう。

フロイスも絶賛した「足利学校」が戦国以後に〝養成〟していたものとは？

「足利学校」とは、日本最古とされる学校だ。その名のとおり、現在の栃木県足利市にあたる下野国足利荘に設けられた。その規模、知名度も当時の日本では群を抜いていたらしく、１５４９年（天文18）に来日したフランシスコ・ザビエルが、「坂東（現在の関東）の学院あり、日本国中最も大にして、最も有名なり」と評している。

創設者は、平安初期の小野篁、あるいは鎌倉初期の足利義兼（足利尊氏の祖先）など諸説あるが、どれも決め手に欠けているため現段階では断定できない。

足利学校が歴史的に明らかになるのは、室町時代の１４３９年（永享11）、関東管領の上杉憲実が学校を再興してからである。憲実は書籍を寄進し、鎌倉五山の一つ鎌倉円覚寺から僧快元を招いて、初代の庠主（校長）とした。

俊才の快元を迎えて、足利学校は活気づいていく。諸国から次々と入学希望者が訪れ、一説によると3500人以上の学生がいたという。

では、足利学校ではいったい何を教えていたのだろうか。

当初、教えていたのは儒学である。しかし、応仁の乱を経て戦国乱世に入ると事情が変わってくる。

乱世に必要な知識は「戦いに勝つための方法」だ。ゆえに足利学校でも、兵学や易学（当時は合戦や築城の日取りなど、重要事項は占いで決めることが多かった）、天文学、医学など戦に役立

数多くの軍師を輩出した足利学校の校門

つ学問を教えるようになった。『日本史』の著者フロイスも、「占星術や医学を学ぶ、日本一の大学」と記している。

名門・足利学校の卒業生は、どこの戦国大名も欲しがった。卒業生は、あちらこちらの戦国大名からスカウトされ、戦いの参謀、いわゆる「軍師」として、厚遇されたという。「黒衣の宰相」と呼ばれ、徳川家康のもとで絶大なる権力を誇った天海（てんかい）もここの出身である。

もちろん、全員が軍師になったわけではないが、足利学校は、いわば「軍師養成所」となったのだ。

足利学校は徳川の保護を受け、江戸時代も存続したが、1872年（明治5）に廃校になった。しかし、その遺跡は1921年（大正10）に国の史跡に指定され、平成27年には「日本遺産」に認定されて足利市の観光名所として現在も生き続けている。

7章 真実はここにあり?! 英雄たちの「伝説」の謎

レジェンドは死後も生き続ける

悲劇の英雄は永遠に不滅？ 義経生存伝説の数々

源義経は、１１５９年（平治元）に、源義朝の九男として生まれた。幼名は、言わずと知れた牛若丸である。

義経は、平治の乱（１１５９年）で父・義朝が敗死したあと、捕らえられて京都の鞍馬寺に預けられ、さらに奥州平泉の藤原秀衡のもとに身を寄せた。そして兄の頼朝が挙兵すると、それに呼応。天才的な軍略を発揮し、平氏を一ノ谷・屋島・壇ノ浦で破り、ついに全滅させた。やがて頼朝と不和になり、再び秀衡を頼って奥州に逃れる。保護は得られたものの、秀衡の死後、その子の泰衡に襲われて衣川館で31年の生を閉じる。

――というのが、一般的に知られている義経の生涯だが、悲劇の英雄にはいくつもの生存伝説が各地に残っている。

義経の生存伝説は、大きく分けると2種類ある。

まず一つめは、義経一行が平泉から津軽海峡を渡り蝦夷地（北海道）へ逃れたとする「入夷伝説」だ。「義経山」と刻まれた石碑や、弁慶が舎弟の到着を待ったと伝わる「弁慶岬」など、北海道には、義経一行に関する伝説が残る場所が50か所以上あるという。

二つめは、「義経=チンギス・カン」説だ。蝦夷に逃れた義経はさらに韃靼（中国北部）へ進み、モンゴル帝国の初代皇帝チンギス・カンとして大陸を制したという、壮大にしていささか荒唐無稽なものだ。

確証はないとはいえ、江戸時代にオランダ商館医として来日したシーボルトも、著作『日本』において、この説を支持している。

また、小谷部全一郎氏の『成吉思汗ハ源義經也』（1924年刊）が大ヒットするなど、真偽はともかく、多くの人々が知る有名な説だ。

他にも義経には、さまざまな生存伝説がまことしやかに語られている。

『義経記』によると、義経は自害の際に館に火を放つように命じていること。さらに義経の首は、腐敗を防ぐために美酒に浸して黒漆の櫃（箱）に納められ、約40日かけて鎌倉に運ばれたことから、鎌倉に届けられた義経の首級は相当に腐敗し、しかも焼けていた可能性があり、義経本人のものであったか否かの判別が難しかったのではないかという疑念も、伝説が生まれた大きな要因だろう。

なお、いわゆるイケメンに描かれることの多い義経だが、「色しろう背ちいさきが、向歯のことにさしでて」、つまり、小柄で出っ歯の醜男という夢を壊すような記述も残っている。

紐売りか、はたまた酒屋か？真田幸村の意外な生存伝説

真田幸村（信繁）とは、安土桃山～江戸時代前期に活躍した武将で、真田昌幸の次男である。父・昌幸は、2度の上田城合戦で、徳川の大軍を退けた徳川キラーとして有名だ。なお、信繁は「幸村」の名で知られるが、幸村を名乗ったことを裏づける確実な史料はない。

幸村こと信繁といえば、なんといっても、「大坂の陣」での活躍で名高い。豊臣と徳川の最終決戦であるこの戦いにおいて信繁は豊臣につき、1614年（慶長19）の「大坂冬の陣」では出城真田丸を造り、徳川方を打ちのめしたという。

翌年の「夏の陣」では家康の本陣に突撃し、家康にあと一歩まで迫った。しかし3度目の突撃で力尽き、家康の首をとることなく討ち死にしたという。負けはしたものの、その奮戦ぶりは敵の東軍からも「真田日本一の兵」と称賛された。

さて、悲劇のヒーローにありがちだが、信繁にはいくつもの生存伝説がある。

最も有名なのは、豊臣秀頼を伴って鹿児島へ落ち延びたという説だ。この噂は、大坂城の落城の直後からささやかれていたらしい。

「花のようなる秀頼さまを鬼のようなる真田がつれて 退きものいたり加護島へ」

という信繁と秀頼の生存を謡った童歌が京都、大坂で誕生している。

この「鹿児島説」にはいくつかの続きがある。そのうちの一つでは、信繁は鹿児島で過労のため、血を吐いて死んだという。

また、別の説では、秀頼が先にこの世を去ってしまったため、信繁は息子の大助とともに、秀頼の菩提を弔うため、恐山（青森県むつ市）への旅に出たとする。恐山に向かう途中にたどり着いた秋田の大館で、なぜか信繁らはそこに居を構えた。

信繁は大館で「真田紐」と呼ばれる、父親の真田

昌幸が刀の柄を巻くのに使った太い木綿糸で厚く織った紐を編んで売り、生計を立てた。あるいは、酒屋を開いたともいわれている。他にも、熊野の山奥に逃げ延びたという説もある。

墓も、真田家の菩提寺の長国寺（長野県長野市）をはじめ、龍安寺（京都市）境内の大珠院、宮城県白石市の田村家墓地、和歌山県九度山の真田屋敷跡に石塔と、あちらこちらに存在する。

これらは悲劇の名将の華々しい戦死を惜しんだ民衆が生んだ伝説であろう。

だが、伝説はここで終わらなかった。信繁の名声はますます高まり、軍記物などのフィクションの世界で、徳川を追い詰める「真田幸村」として蘇るのだ。もちろん史実からは遠いが、大正初年には『立川文庫』の「真田十勇士」の活躍で、さらにファンを増やした。

今後も大坂の陣のレジェンドとして、語り継がれていくに違いない。

大塩平八郎は反乱に失敗した後、どうなった？

大塩平八郎とは、江戸時代後期の陽明学者にして、もと大坂町奉行与力である。

食事は一度に10杯も食べ、一日に約120キロも歩き、10日以上眠らなくてもなんともなかったという超人的な逸話も残る半面、病に苦しんでいたともいわれる。

与力時代は、破戒僧を50人も遠島にするなど数々の実績により、「名与力」と呼ばれた。賄賂を一切受け取らず、裕福な者も、そうでない者も、常に公平に裁いたと伝わる。

与力としての役職の頂点に昇るが、38歳のときに退職。隠居して陽明学（儒学の一派）を学んだ。さらに、家塾「洗心洞」を開いて塾生の指導をし、執筆に励んだ。平八郎の著書は、吉田松陰や西郷隆盛などの大物も愛読し、幕末の志士たちに大きな影響を与えたという。

そんな平八郎が反乱の首謀者となった理由は、1833～36年に発生した「天保の大飢饉」で餓死者が続出しているにもかかわらず、奉行所に幾度、民衆救済を願い出てもかなわなかったからだといわれている。

1837年（天保8）2月19日、平八郎は、民衆の救済と腐敗した幕政の改革を訴え、門弟の武士や農民らを率いて蜂起する。平八郎を慕い、支持する民衆が次々と駆けつけ、集団は300人にも膨れあがった。

平八郎は2門の大砲をぶっ放して役宅や豪商の家を焼き、蔵を破壊しつつ、大坂の市中を進軍していく。これにより、市中の5分の1は灰になったと伝わる。

しかし、反乱は半日で鎮圧されてしまい、平八郎とその養子は逃亡を図った。奉行所は多額の懸賞金をかけてタレコミを呼びかけるも、「たとえ褒賞が銀１００枚だろうと、大塩さんを訴える者がこの大坂にいるものか」と、有力な情報はほとんど集まらなかったという。

それでも、約40日後に隠れ屋を突き止められてしまう。平八郎とその養子は持っていた火薬を体に巻きつけて爆死した。

以上で、「大塩平八郎の乱」は一応の解決をみたが、実は続きがある。

爆死ということは、当然のことながら遺体は黒焦げで、本人確認ができない。そのため民衆の願望も相まって、すぐに、「遺体は幕府が仕立てた身代わりで、平八郎は5人の同志と共に天草（あまくさ）に逃げ延び、中国、さらにヨーロッパへ渡った」「シベリアに落ち延びた」などの「大塩平八郎不死伝説」がささやかれはじめた。

さらに、江戸や大坂、京都では「大塩平八郎」と署名された幕府批判の張り紙や文書が出回り、「江戸城の西の丸の出火は平八郎の仕業（しわざ）だ」などの噂も飛び交った。

また、全国で「大塩門弟」「大塩味方」「大塩余党」などを名乗る一揆が頻発（ひんぱつ）し、幕府を悩ませたという。

フランシスコ・ザビエルが死後に起こした〝奇跡〟とは?

フランシスコ・ザビエルは、ナバラ王国（スペインとフランスにまたがる中世の小王国）生まれのバスク人で、イエズス会創立期のメンバーの1人だ。「東洋の使徒」と呼ばれるように、布教活動では東洋に派遣された。日本に初めてキリスト教を伝えたのも、ザビエルである。

ザビエルが日本を訪れたのは、1549年（天文18）8月のこと。マラッカで出会ったアンジロー（ヤジローとも）と名乗る鹿児島出身の日本人の影響で日本に興味をもったと伝わる。鹿児島に上陸したザビエルは、薩摩、平戸（長崎県）、周防、山口（山口県）、堺、京都と布教の旅をした後に、山口に戻り、周防の大名・大内義隆に、数々の貴重な品を献上し、許可を得て山口で布教した。ザビエルは、尊敬の念を抱いて日本人に接したという。

その後、豊後（大分県）にポルトガル船が入港したとの知らせが入ると、ザビエルは豊後に移動した。そして、1551年11月にインドを目指して旅立つ。ザビエルの日本滞在はわずか2年あまりだが、700名以上をキリスト教に改宗させたと

インドのゴアにあるボン・ジェズ教会内のザビエルの遺体が安置された棺（ロシ/PIXTA）

伝わる。

——という、ここまでのお話は有名である。だが、日本を出国した後のザビエルがどんな運命をたどったのかは、あまり知られていないはずだ。

では、ザビエルは日本を出国後、どうなったのか。インドのコチン（コーチン）に到着したザビエルは、中国への布教を決意し、広東に近い上川島に上陸した。だが、ここで肺炎に罹り、多くの人間が「奇跡」を祈る中、同年12月にこの世を去ってしまう。

ザビエルの遺体は棺に入れられ、ひとまず海岸に埋められた。2か月後に掘り返し、棺を開けると、そこには奇跡が待っていた。

なんと、棺の中のザビエルは、死後4か月以上も経っているのにもかかわらず、腐敗しておらず、生前と何一つ変わることのない姿だったという。

1614年にはザビエルの遺体の奇跡を聞きつけた、ローマのイエズス会本部から「右腕を斬って送るように」という命令が来た。これに従い切断すると、亡くなってから50年以上もたっているのに、右腕からは赤い血がほとばしったという。

征夷大将軍・坂上田村麻呂は死後も京の都を守り続けているって?!

征夷大将軍というと、源頼朝や、足利尊氏、徳川家康などの武士政権のトップに立つ者への称号という印象が強い。だが本来は、蝦夷(えぞ)征討のために朝廷によって臨時編成された征討軍の総大将を指す。

ちなみに、蝦夷は「えみし」とも読み、古代において北関東から東北・北海道にかけた地域で暮らす、朝廷に従わない人々を意味する。

本来の意味での征夷大将軍で、最も名高いのは坂上田村麻呂(さかのうえのたむらまろ)だろう。

平安初期の武人で上級貴族である坂上田村麻呂は、794年(延暦(えんりゃく)13)に征夷大将軍に任命され、2度の蝦夷征伐でめざましい軍功を挙げた。蝦夷の族長阿弖流為(アテルイ)を降伏させ、蝦夷征討を完成させたのも田村麻呂である。

身長約175センチ、体重約132キロ、胸の厚さ約40センチという堂々たる偉丈夫で、鷹のごとく鋭いまなざしを持ち、金色の顎髭がふさふさしていたと伝わる。普段は穏やかだが、ひとたび怒れば鬼神猛獣でもひれ伏すほど恐ろしかったようだ。だが、優しい笑顔の持ち主だったという。

田村麻呂の活躍は、蝦夷征討だけにとどまらなかった。810年（大同5）、平城上皇と嵯峨天皇が争った「薬子の変」では嵯峨天皇側について出陣し、混乱の終結に大きく貢献した。この薬子の変での活躍によって、嵯峨天皇は田村麻呂に対する信頼をさらに深めたという。

しかし、英雄的な活躍をした田村麻呂も病には勝てなかった。薬子の変の翌年に田村麻呂は病死してしまうのだ。享年54。訃報を聞いた嵯峨天皇はショックのあまり、その日は政務を休んで喪に服したと伝わる。

だが、田村麻呂は信頼されすぎたのかもしれない。なぜなら死後も、嵯峨天皇にある任務を託されたのだ。

では、田村麻呂がその死後、与えられた任務とは何か。

それは、死しても平安京や朝廷を守ることだった。伝承によると、田村麻呂の遺体は甲冑を着せられ、なんと、立ったまま埋葬された。しかも、棺には剣や弓などの武器が副葬されたという。

実際に、京都大大学院文学研究科の吉川真司准教授が文献調査によって、田村麻呂の墓である可能性が極めて高いと特定した「西野山古墓(こぼ)」(京都市山城区で1919年に発掘)からは、純金の装飾を施した大刀(たち)や、鉄の鏃(やじり)などの副葬品が出土しているという。

しかも、吉川准教授は「墓の場所は平安京の東の玄関口で、そこを守る所に田村麻呂を葬ったことから、死んでも平安京を守ってくれる武将という考えを当時もっていたのかもしれない」と述べている(2007年朝日新聞asahi.com)。

また、以前に田村麻呂の墓とされていた「将軍塚」と呼ばれる墓所では(京都市東山区)、国家に危機が訪れると塚の中から大きな音が響き、警告を発するという言い伝えがあったという。

田村麻呂は今も、京の都を守り続けているのかもしれない。

悪鬼から東北の英雄へ。蝦夷の族長・阿弖流為のその後とは?

前述した坂上田村麻呂のライバル・阿弖流為の「その後」にも、ドラマがある。

前に触れたように、阿弖流為は奈良時代末～平安時代初頭の蝦夷の族長で、陸奥国胆沢地方（岩手県）を本拠とした。

当時、朝廷は「蝦夷」――すなわち、北関東から東北・北海道にかけた地域で暮らす朝廷に従わない人々を、異民族視していた。そのため、何度も兵を派遣し、征服および同化政策を推し進めていた。阿弖流為はそんな朝廷の征伐軍に勇敢に立ち向かい、長きにわたって抵抗を続けた蝦夷軍のリーダーである。

しかし、阿弖流為が、いつ生まれ、どこで育ち、どんな人物なのかは、くわしくはわかっていない。当時の様子が記された史料で、現在まで残っているものはとても少ないのだ。

さて、阿弖流為の活躍といえば、やはり、巣伏村（奥州市水沢区）での戦いだろう。平安初期の歴史書『続日本紀』によれば、789年（延暦8）、阿弖流為は桓武天皇が派遣した征東大使（征夷大将軍）・紀古佐美の大軍を、巧みな陽動作戦とゲリラ戦によって大敗させている。

その後も阿弖流為は抵抗を続けるも、802年4月、征夷大将軍・坂上田村麻呂の前に、同盟者の族長と思しき盤具公母礼および同族500人とともに降伏した。

降伏した理由は、これまでの戦いによる戦士の喪失や食糧難、阿弖流為をはじめとする指導者の高齢化、あるいは、田村麻呂が造営しはじめた巨大な胆沢城を見て決意したともいわれるが、定かでない。

では、降伏した阿弖流為は、その後どうなったのか。

同年7月、阿弖流為と母礼は、田村麻呂に伴われ、天皇の待つ平安京へと向かった。当時の朝廷では、征戦に勝利した証拠として、捕虜を天皇に献上するのが習わしだったという（鈴木拓也著『蝦夷と東北戦争』より）。

阿弖流為らを伴っての上京後、田村麻呂は意外な行動をとる。なんと、田村麻呂は京の公卿たちに、「阿弖流為と盤具公母礼を殺さずに故郷に帰して、彼らに統治させるべき」と助命嘆願したのだ。刃を交えた英雄同士、友情のようなものが芽生えていたのかもしれない。

しかし願いは聞き入れられなかった。2人は河内国杜山（比定地未詳）で処刑されてしまう。当時の人々にとって阿弖流為たちは、悪鬼に等しい異民族だったのだろう。

阿弖流為は朝廷に刃向（はむ）かった逆賊として、少し前まで教科書でもほとんどふれられなかった。しかし、最近では見直されて小説やドラマの主人公となり、「朝廷から東北を守った英雄」と人々の尊敬を受けている。

「黒衣の宰相」こと天海の正体はあの明智光秀だって？

天海とは戦国期から江戸初期の天台宗僧侶である。生年は不詳であるが、1536年（天文5）に生まれ、108歳という恐るべき長寿をまっとうしたとされる。謎の多い男で、その前半生について確かなことはわかっていない。

1607年（慶長12）頃に家康と出会い、たちまち重用される。家康は天海のもとへ頻繁に通い、何かと相談したという。

家康の死後も、秀忠、家光と、徳川3代に仕えた。江戸の都市計画を50年近く担い、江戸幕府の宗教行政の中心人物として辣腕を振るったために「黒衣の宰相」と呼ばれた。家康を日光山に東照大権現として祭ったのも、上野に寛永寺を建立し、徳川の廟所としたのも天海だ。

風水をはじめ、禅や密教にも通じ、一説によると「千里眼」をもっていた。埼玉県川越市の喜多院にいながら、江戸城での出来事や、静岡市の駿府城にいる家康の様子も、誰に聞いたわけでもないのに、すべて把握していたという。一種の超能力者だったのかもしれない。

天海は弟子たちにすら、かたくなに自分の素性を語らなかったといわれている。そのせいで、その死後も、ある有名な伝説が残っている。その伝説とは天海の正体は、「山崎の戦い」で死んだはずの明智(あけち)光秀(みつひで)だというものだ。

ではなぜ、天海＝光秀という伝説が生まれたのか。まず、天海と同様に光秀も、その前半生がはっきりしない。また、天海の年を死亡した年から逆算すると、光秀の生年とされる年に近い。

さらに、光秀の木像と位牌のある寺の寺号は「慈眼寺」といって、天海が死後に贈られた「慈眼大師」の名の「慈眼」と一致する。天海の墓所のある日光に「明智平」という場所があるのも、その理由の一つだ。

加えて、光秀は「本能寺の変」の直前まで家康の接待役を務めていたため、その縁で家康を頼ること

も十分に考えられた。

また、豊臣を滅ばした「大坂の陣」の発端となった「方広寺の鐘銘事件」が天海の入れ知恵だとされることも、天海＝光秀説がささやかれる要因の一つだ。どれも証明されたわけではないが、完全に否定する証拠もない。秀吉に滅ぼされた光秀が天海となって、豊臣家に復讐した……というのは考えすぎだろうか。

新撰組の原田左之助は満州へ渡り、日清戦争で活躍したって?!

新撰組十番隊組長・原田左之助は、眉目秀麗で頭もよく、種田流槍術の達人であったと伝わる。生まれは伊予松山。性格は短気にして高慢で、ふた言目には「斬れ、斬れ」と怒鳴ったという。いささか思慮深さに欠ける傾向もあったようだ。

そんな左之助は逸話の多い男である。

10代半ばの頃、口論となった武士から「切腹の作法も知らぬ下郎」と罵られると、みずから刀を腹に突き立てた。幸い、一命は取りとめたが、後々まで腹の傷跡を自慢にしたというエピソードは、あまりに有名だ。坂本龍馬の暗殺犯とみなされたこともあった。

「事件あるところに原田左之助あり」とばかりに、「芹沢一派の粛清」「池田屋事変」「禁門の変」など、新撰組が関わった主な事件には、必ずといっていいほど登場し、暴れまくった。

だが、1868年（慶応4）の「甲州勝沼の戦い」以来、局長の近藤勇と対立し、同士の永倉新八らと共に新撰組を脱する。

左之助らは新たに「靖共隊」を結成し、副長となる。しかし、左之助は靖共隊からも離れて彰義隊に加盟し、上野戦争に参戦する。上野戦争とは、1868年5月15日に起きた、江戸城無血開城を不服とし、江戸上野の寛永寺に立てこもって抵抗する彰義隊を、新政府軍が壊滅させた戦いである。

その上野戦争で左之助は負傷し、2日後に神保邸で死亡したといわれている。享年29、生き急いだような人生であった。

現在は、東京都北区にある墓で、安らかに眠っている——はずなのだが、左之助には、壮大な「その後」の伝説が残されている。

1923年（大正12）の『愛媛新報』によると、明治40年頃、郷里の松山の親族の家にふらりと左之助が現れた。その際に「満州に亡命して馬賊の頭目となり、日清・日露戦争では日本軍に貢献した」と告げたというのだ。

真偽はともかく、豪傑な左之助にふさわしい「その後」である。

悪事の報い？ 大親分・国定忠治の哀れな晩年と〝いかにも〟な伝説

国定忠治の名で知られているが、実はこれは本名ではない。本名は、長岡忠次郎といい、上野国（群馬県）佐位郡国定村の出身だ。

さて、忠治といえば「赤城の山も今宵限り」の講談の一節でおなじみだ。

しかし、映画、講談、浪曲などで描かれる正義の味方のごとき忠治は、ほとんどフィクションである。博打で儲けた私財で庶民救済も行ったという伝承はあるものの、実際の忠治は、博打やケンカはもちろんのこと、関所破り、ゆすりや殺人と、悪の限りを尽くした兇悪な犯罪者だ。

その報いなのか、最盛期は、赤城山を根拠に「1日で400人、10日で4000人集められる」と嘯くほどの権勢を極めていたが、晩年は哀れなものであった。

では、博徒の大親分・国定忠治は、どのような晩年を送ったのか。

忠治の運命が大きく変わるのは、1850年（嘉永3）7月21日のことである。2人いた妾のうち、最も相性のよかった「まち」と同衾していたときに、忠治は脳内出血を起こし、それが原因で半身不随になってしまったのだ。このとき、忠治は41歳である。

まちは忠治の扱いに困ったらしく、本妻のおつるに忠治を引き取るように頼んだ。すると「妾と寝ていて倒れた亭主なぞ、引き取れるものか」と断られてしまう。

続いて忠治の弟を頼るも、こちらにも断られた。もう1人の妾の「とく」も引き取りを拒んだ。子分の中でも「忠治の面倒を見る」と名乗りを上げる者は、誰一人いなかったという。まさに、たらい回しである。

養寿寺にある国定忠治の墓。墓石が削り取られないようにまわりを柵で囲われている。

まちが困り果てていると、忠治の仲間の1人が「屋敷の土蔵に匿(かくま)う」と申し出てくれた。しかし、半年もたたないうちに「忠治が匿われている」という噂が広まっていく。やがて、噂を聞きつけた役人によって捕らえられ、江戸へ護送された。

江戸で忠治は、関所破りの罪で磔（はりつけ）の刑を言い渡され、同年の12月21日、吾妻郡大戸の関所で刑を執行された。忠治は処刑の際に「加部安（かべやす）」という故郷の酒を所望（しょもう）し、それがかなうと「本望にござんす」と従容（しょうよう）と刑に臨んだという。

また病身ながらも生命力が強かったのか、忠治は一度や二度、槍で突かれたくらいでは死ななかった。忠治を絶命させるには14回も突かねばならず、見物人を驚かせたと伝わる。

忠治の墓は長岡家の菩提寺、伊勢崎市国定町の養寿寺にある。忠治が博徒であったため、その墓石を「削って肌身につければ賭け事に強くなる」という伝説が、まことしやかに広まった。

そのため、墓石は削り取られて角は欠け、丸みを帯びている。現在の墓石は2代目で、侵入できないよう柵で囲われているという。

義賊ではなかった！ 捕縄後にわかった ねずみ小僧の正体とは？

ねずみ小僧は、「悪徳商人から盗みを働き、貧しいに人々に配った正義の味方」として小説、講談、歌舞伎などに登場するが、架空の人物ではない。名を次郎吉（じろきち）といって、江戸時代後期に実在した盗賊だ。

異名の由来は、鼠のように身軽にどこにでも出没したから、あるいは、丸顔で背が低く太っていたからだといわれている。

もともとは江戸堺町（日本橋人形町）の劇場「中村座」の木戸番の子で、鳶人足となるも、博打で身を持ち崩して盗賊となった。1823年（文政6）以後、5尺（約151センチ）の小柄な体を活かして、武家屋敷を中心に28か所、32回に及ぶ盗みに成功する。しかし、捕らえられ「入れ墨追放」の処分を受けた。

それでもまったく懲りない次郎吉は、その後も71か所、90回にわたって盗みを働いた。盗んだ金は1万2000両にも上るという。人を傷つけない義賊として評判になり、「貧乏長屋に小判をばらまく」という伝説も生まれた。庶民はもちろんのこと、平戸藩主の松浦氏などの大名にも人気があったという。

だが、1832年（天保3）、浜町の松平宮内少輔の屋敷へ入ったところを、ついに捕らえられた。

捕縛後、次郎吉本人の自白から、盗んだ金は「博打と酒と女」につぎ込んでいたことが明らかになった。貧しい人々に分け与えてなどいなかったのだ。実際、施しをしたという記録はどこにもないし、当時の博打仲間の間で、次郎吉はかなり知られた存在だったらしい。

大名屋敷を狙ったのも、別に信念があったのではなく、警備が甘いうえ、大名のメンツから被害届が出にくく仕事が楽だった――それだけの理由だったという。

義賊の俗説が生まれたのは庶民の願望と、次郎吉より50年ほど前に実在した盗賊稲葉小僧（いなばこぞう）が盗んだものを分け与えていたので、稲葉小僧と次郎吉が合わさって「ねずみ小僧」を作り上げたのではないかといわれている。

次郎吉は捕縄から3か月後に、江戸引き回しのうえ処刑された。一説によると、処刑にあたっても悪びれるふうもなく、薄化粧を施し、口紅すら差していたという。

そんな次郎吉は死後、一転して盗まれる立場に変わる。

回向院（えこう）（東京都墨田区両国）にある墓所は、戦前まで削りやすい青石製だった。そのため、御利益を求めて、削って持ち帰る人々が後を絶たなかったのだ。このあたりは前項の国定忠治と同じである。

やせ細った墓石は、何代にもわたって建て替えられて、現在は削り取るのが難しい石に変わったという。

修験道の開祖・役小角が流刑後に残した人間離れしたエピソード

役小角は「えんのおづぬ」とも読み、一般的には「役行者」と呼ばれることが多いが、ここでは史料に登場する「役小角」の名で表記する。

さて、役小角は「修験道の開祖」とされるが、そもそも「修験道」とは何か。

修験道とは、日本古来の山岳信仰をベースに、仏教の密教、道教などが習合した宗教である。山中での行によって「験力」と呼ばれる超自然の能力を身につけ、呪術的な活動を行うのだという。平安末期に体系化され、一時は禁止されるも、仏教や神道の一派として現代まで受け継がれている。

そんな伝統ある修験道の、開祖とされるのが役小角だ。小角は634年に、大和国（奈良県）で生まれた（諸説あり）。母親が法具が口に入る夢を見て妊娠した、あるいは、葛城地方の大豪族賀茂氏の子供、または謀反人の子孫、はたまた舒明天皇の子だったともいわれ、その誕生からして伝説に包まれている。

小角は3歳にして文字を書き、4～5歳からは粘土で仏像を造った。7歳のときには梵語（サンスクリット）の表記に用いられる「梵字」を書いたと伝わる。そして32歳で、修行のために葛城山に入ったという。平安初期の歴史書『続日本紀』によると、役小角は、前鬼・後鬼という鬼神に水を汲ませたり、薪を集めさせたりしていた。鬼神たちが命令に従わなければ呪術で縛りつけ、自由を奪ったという。

だが、699年、役小角は朝廷によって伊豆の大島に流されてしまう。その理由は、弟子の韓国連広足が師の能力をねたみ、「役小角は妖術で人々を惑わしている」と朝廷に虚偽の告げ口をしたためだといわれている。

では、流罪になった役小角は、その後どうなったのか。

なんと、流罪先でも修行を重ね、パワーアップするのだ。『役行者本記』によると、昼間は流人としての立場をわきまえ、島でおとなしくしていた。しかし、夜になると鉄の下駄を履き、獣や鳥も敵わぬスピードで富士山に登ったという。

修行のかいがあって、役小角はついに天を飛べるようになった。その後、701年に罪を許されると、唐、もしくは虚空へ飛び去ったとされている。

「保元の乱」のレジェンド・源為朝が流罪後に残した壮大な伝説とは？

源為朝とは平安末期の武将である。規格外の巨体とケタ違いの腕力を武器に、誰にも引けない強弓を、矢継ぎ早に射る弓の名手として有名だ。

レジェンドという言葉が流行って久しいが、為朝ほどその言葉が似合う武将はなかなかいないだろう。ここでは、レジェンドと呼ぶにふさわしい為朝の豪快な活躍と、壮大すぎるその後の伝説を紹介しよう。

為朝は１１３９年（保延５）に、検非違使も務めた源為義の八男に生まれた。母親は江口（大阪市東淀川区）の遊女だ。幼い頃から腕っぷしが強く、ケンカは負け知らずで、大人よりも強い弓を引いたと伝わる。

だが、強さと乱暴さは紙一重である。為朝は、年を追うごとに、粗暴さが目立つようになった。そのため、父親の為義は為朝が13歳のときに九州に追放した。

ところが、追放ごときでおとなしくなる為朝ではなかった。為朝は、肥後の豪族の婿となり、「鎮西八郎」と名乗って暴れまくった。その暴れっぷりは凄まじく、数々の豪族との抗争に勝ち、約3年で九州の北半分を支配下に置いたのだ。

やがて、京都では大きな内乱が勃発する。１１５６年（保元元）に起きた「保元の乱」だ。皇位継承に関する崇徳上皇と後白河天皇との対立がもとで起こった内乱では、天皇家、藤原家、平氏、源氏が、それぞれ敵味方に分かれて戦った。

為朝は父親とともに崇徳上皇側で参戦し、大いに活躍をするも、戦は後白河天皇側の勝利となった。崇徳上皇は讃岐へ流され、父・為義は首を斬られ、為朝も捕らえられた。一説によると、後白河天皇は「あれが鎮西八郎か」と、捕らえられた為朝をのぞき見にきたという。

為朝は武勇を惜しまれ、斬首は免れた。代わりに、二度と弓を引けぬように肘の筋を切断したうえで伊豆大島への流罪となった。しかしここからが壮大な為朝伝説の始まりである。

流人となっても、為朝は変わらず暴れ回った。切られた肘も回復すると、以前より強い弓が引けるようになったという。伊豆の島々を征服すると、さらにはるか遠くの島まで遠征し、支配下に治めていった。その中には、身長3メートルの鬼が住む「鬼ケ島」も含まれていたと伝わる。

その後、朝廷が送り込んだ討伐軍に攻められて、1177年（治承元）に自害したとされる――が、

まだまだ為朝伝説は終わらない。このとき死んだのは身代わりで、為朝は琉球に渡ったという伝説が残っているのだ。

琉球に逃げ延びた為朝は、琉球南部の領主である大里按司の妹をめとり、尊敦という子をもうけた。この尊敦こそが、琉球最初の王となる舜天だったというのだ。つまり為朝は、初代琉球王の父親ということになる。

この琉球説は、江戸時代後期に滝沢馬琴の読本『椿説弓張月』として脚色されているので有名だ。他にも、奄美大島や喜界島をはじめ、内陸の信濃にまで為朝が落ち延びてきたという伝説が数多く残っている。まさにレジェンド、伝説の偉丈夫である。

関ケ原で恐るべき敵中突破をやってのけた島津義弘の「その後」

敵の大軍を前にして退却を余儀なくされたとき、「前と後ろのどちらに向かって退却するか」と問われれば、たいていの人は「後ろ」と答えるだろう。前方への、ましてや敵中を突破しての退却など思いも寄らないはずだ。

だが、前進退却、敵中突破の離れ業を「関ケ原の合戦」という大舞台で演じた戦国武将がいる。薩摩の島津義弘(よしひろ)だ。

義弘は「木崎原(きざきばる)の戦い」や「耳川(みみかわ)の戦い」など数々の合戦で武功を挙げ、島津家16代当主の兄義久(よしひさ)を主に武力面でサポートした猛将である。「雄武英略を以て傑出」していると称えられ、敵からは「鬼島津」と恐れられた。

そんな義弘の最大のピンチが、66歳で迎えた「関ケ原の戦い」である。この天下分け目の大合戦において、義弘が見せた伝説の退却戦「島津の退き口(のきぐち)」と、その後を紹介しよう。

義弘は関ケ原の戦いに、西軍として約1500名の兵を率いて参戦した。通説によると、西軍は小早川秀秋(こばやかわひであき)の裏切りによって総崩れになった。西軍諸隊のほとんどが背後の伊吹山方面に敗走を始める。

だが、戦況を傍観していた義弘の率いる島津軍は、戦場に取り残された形となった。しかも東軍が、じわりじわりと島津軍を包囲しつつある。敵は大軍、周囲に味方なし。後方に退却しても、確実に逃げ切れる保証はない。この絶体絶命の危機に義弘が選んだのは、前代未聞の前進退却による敵中突破であった。

鉄砲をいっせいに放つと、義弘を中心に一丸となった島津軍は、反対側へと突き抜けるために、東軍の真っ只中へと分け入っていく。

当然のことながら、猛烈な追撃を受けた。だが、島津軍は「全滅しても大将を逃がせ」とばかりに、「捨て奸（がまり）」と呼ばれる戦法で応戦したという。

捨て奸とは殿（しんがり）がその場にとどまり、鉄砲の弾が尽きれば刀で、刀が折れれば素手で——と命尽きるまで戦い、全滅するとまた別の殿が死ぬまで戦って時間を稼ぎ、その隙に大将を逃がすという、究極の退却戦法である。

捨て奸を繰り返し、島津軍は敵中突破を強行していく。時には家臣が義弘を名乗り、身代わりになって討たれることもあった。

恐ろしいほど多くの犠牲と引き替えに、義弘は無事に薩摩へたどり着いた。一説によると、1500名いたはずの島津軍の兵のうち、薩摩に生還できたのは数十人だったという。

では、その後、義弘および島津家はどうなったのか。

「島津の退き口を再現されてはかなわん」とでも思ったのか、家康は島津討伐に3万の兵を派遣するも、ついに攻撃命令を出さなかったという。おまけに、西軍に味方した大名のほとんどが改易の憂（う）き目を見る中、島津家は改易はおろか、減封すらされなかったのだ。

◉左記の文献等を参考にさせていただきました――

【書籍】

『なぞ解き忠臣蔵』祖田浩一、『日本刀の教科書』渡邊妙子・住麻紀（東京堂出版）／『よくわかる幕末維新ものしり事典』（主婦と生活社）／『阿弖流為』樋口知志、『二葉亭四迷 くたばってしまえ』ヨコタ村上孝之（ミネルヴァ書房）／『田村麻呂と阿弖流為―古代国家と東北』新野直吉、『古墳』土生田純之（吉川弘文館）／『シリーズ藩物語 水戸藩』岡村青（現代書館）／『蘇我氏―古代豪族の滅亡』倉本一宏（中央公論新社）／『役行者のいる風景―寺社伝説探訪』志村有弘（新典社）／『尾張・織田一族』谷口克広、『豊臣秀吉事典』新人物往来社編、『戦国人名事典』阿部猛・西村圭子編、『豊後 大友一族』芥川龍男『新選組大辞典』新人物往来社編、『別冊歴史読本 67 新選組クロニクル入門篇』、『教科書が教えない歴史のその後』日本史追跡調査、『教科書が教えない歴史有名人の死の瞬間』、『教科書が教えない歴史有名人の晩年と死』（新人物往来社）／『別冊太陽 平城京―平城遷都一三〇〇年記念』千田稔監修、『〈負け組〉の戦国史』鈴木眞也、『別冊太陽 太陽の地図帖０２３楽しい古墳案内』松木武彦監修（平凡社）／『平城京を歩く 奈良朝の面影を求めて』森郁夫・甲斐弓子（淡交社）／『出雲大社の謎』瀧音能之（朝日新聞出版）／『出雲大社 日本の神祭りの源流』千家和比古・松本岩雄編（柊風舎）／『関ヶ原 敗者たちの復活戦』河合敦（グラフ社）／『戦国軍師人名事典』川口素生（学習研究社）／『豊後大友物語』（大分合同新聞社）／『知識ゼロからの古墳入門』広瀬和雄（幻冬舎）／『古墳は語る』石部正志（かもがわ出版）／『新選組４６８隊士大名鑑』壬生狼友の会（駿台曜曜社）／『日本刀ビジュアル名鑑』かゆみ歴史部編（廣済堂出版）／『日本刀大百科事典』福永酔剣、『香と香道』香道文化研究会、『織田信長 総合事典』岡田正人編著（雄山閣）／『山本五十六の真実 連合艦隊司令官の苦悩』工藤美知尋（潮書房人社）／『増谷文雄名著選Ⅱ 親鸞の生涯 歎異抄 親鸞の思想』増谷文雄（佼成出版社）／『京から奥州へ 義経伝説をゆく』（京都新聞出版センター）／『平家かくれ里 写真紀行』清永安雄（産業編集センター）／『平清盛と平家四代』河合敦、『日本史人物「その後のはなし 上・下」』加来耕三、『親鸞』笠原一男（講談社）／『面

白いほどわかる 大奥のすべて』山本博文（中経出版）／『源平ものしり人物事典』泉秀樹（文芸社）／『図解雑学 浄土真宗』千葉乗隆（ナツメ社）／『30の戦いからよむ日本史 下』小和田哲男監修・造事務所編著（日本経済新聞出版社）／『日本史 重要人物の「意外な」その後』河合敦（光文社）／『「その後」の日本史』八幡和郎監修（宝島社）／『学校では教えない歴史の「その後」』歴史のふしぎを探る会（扶桑社）／『誰も書かなかった日本史「その後」の謎』雑学総研、『続・誰も書かなかった日本史「その後」の謎』雑学総研、『学校で教わらなかった日本史「その後」の謎』雑学総研（ＫＡＤＯＫＡＷＡ）／『裏も表もわかる日本史 古代編』関裕二・石ノ森章太郎、『裏も表もわかる日本史 江戸時代編』福田智宏・石ノ森章太郎、『裏も表もわかる日本史 幕末・維新編』河合敦・石ノ森章太郎（実業之日本社）／『日本史の謎がおもしろいほどわかる本』歴史ミステリー倶楽部（三笠書房）／『なぜか語られなかった日本史の意外な顚末』歴史の謎研究会、『日本史の意外な顚末 あの人の裏と表』三浦竜（青春出版社）／『知らなかった⁉ 大奥の秘密』畑尚子、『古代史 キーパーソンたちの意外なその後』日本博学倶楽部、『日露戦争 あの人の「その後」』日本博学倶楽部、『「歴史」の意外な結末』日本博学倶楽部、『日本史・ライバルたちの「意外な結末」』日本博学倶楽部、『日本史・あの事件の意外なウラ事情』長尾剛、『日本史「謎の人物」の意外な正体』中江克己（ＰＨＰ研究所）／『図説役行者 修験道と役行者絵巻』石川知彦・小沢弘編、『大学入試問題から学びなおす日本史』河合敦（河出書房新社）

【ホームページ】

ジョン万次郎資料館／稚内市／出雲市／出雲観光協会ＨＰ／出雲大社／足利市／日本シーボルト協会公式サイト／埋蔵文化センター／伊勢崎市観光協会……など

KAWADE
夢文庫

日本史 ウソみたいなその後

二〇一七年二月一日　初版発行

著　者…………歴史の謎を探る会[編]
企画・編集…………夢の設計社
東京都新宿区山吹町二六一〒162-0801
☎〇三―三二六七―七八五一（編集）

発行者…………小野寺優
発行所…………河出書房新社
東京都渋谷区千駄ヶ谷二―三二―二〒151-0051
☎〇三―三四〇四―一二〇一（営業）
http://www.kawade.co.jp/

装　幀…………川上成夫＋奥田朝子
印刷・製本…………中央精版印刷株式会社
DTP…………株式会社翔美アート

Printed in Japan ISBN978-4-309-49961-1